図解

知らないとヤバイお金の話

新装版

ファイナンシャルプランナー
岡崎充輝

彩図社

はじめに

はじめに…知っているかいないかが人生の分岐点

日本では、「お金」について学校で学ぶことはほとんどありません。

別に、株式のチャート分析や、ポートフォリオ理論がどうのといった資産運用の話をしているのではありません。この国で生きていくための、当たり前の社会の仕組みとお金の話です。

人生という大きな流れのなかで、いつ、どんなふうにお金を使うか。また、社会の仕組みをどう使えば自分にとって有利なのか。**知っているのと知らないのとでは、大きな差が生まれてしまいます。**

お金の世界は残酷です。お金の世界では、時間のレバレッジがもっとも大きな差になるからです。

「1日でも早く、お金の現実に気づいたほうがいい」

この本を手にとったあなたも、実はそんな風に感じているのではないでしょうか？

知ってしまえば、たいしたことはありません。でも「知っているか、知らないか」が、人生の大きな分岐点の決定的な差になってしまうかもしれません。

怖がらずに、そしておっくうがらずに、お金の現実を知っていきましょう。

【図解・知らないとヤバイお金の話】

もくじ

1章 知らないとヤバイ 保険の話

2章 知らないとヤバイ 家庭のためのお金の話

3章 知らないとヤバイ 税金の話

4章 知らないとヤバイ 年金の話

5章 知らないとヤバイ 困ったときのお金の話

1章
知らないとヤバイ保険の話

知らないと
ヤバイ
保険の話
1

★何千万円もかかる話だからしっかり考えたい

生命保険との付き合いかた

日本人は、生命保険大好き国民です。

生命保険文化センターの「生命保険に関する全国実態調査」平成24年度のデータを見ると、1世帯あたりの平均保険料は1年で41・6万円。**30年で1248万円**になるのです。

しかし、実際はこれだけの金額を支払っている実感はありません。それは、ほとんどの場合が**月々の支払い**だからです。

「家族で毎月3・46万円ですよ」と言われると、全体でいくらかかるかの意識が低くなってしまうのです。

左の図にもあるように、保険加入状況の中には保険会社のセールスレディに勧誘されてなんとなく入ってしまったり、両親が加入していてくれたというケースも多いのです。

これでは保険と良い付き合いをしているとは言えません。まずは、**一生涯で相当な金額を払うのが生命保険だ**という意識を持つことが大切です。

しかし、ほとんどの方が、どうやって生命保険と付き合っていったらいいのかさえ学ぶ機会がないのが現状です。

この章では、**生命保険が本当に、あなたの人生に不可欠なものなのか**を考えながら保険の知識を身につけていきましょう。

よくある保険加入状況

よくあるパターン1　なんとなく入ってしまった

みんな入ってるなら
入ろうかな

保険会社のセールスレディーなどから「皆さんこれぐらいの保険に入っていますよ」と言われて加入する

●内容や必要性をまったく理解しないまま結論を出す

よくあるパターン2　両親が加入していてくれた

お母さんお父さん
ありがとう

結婚や親の定年を機に「これからは自分で保険料を払ってね」と渡されるケースがある

●自分で決めていないので内容や必要性を理解できない

よくあるパターン3　まったく入っていない

別にいらないよ
健康だし

今まで健康で、保険の必要を感じたこともないというのがこのパターンの特徴

●内容や必要性を理解する必要を感じていない

知らないとヤバイ保険の話

2

★保険を考えるときのポイント

誰かにお金を残す必要はあるか

そもそも生命保険は、**自分が死んだときに困る相手にお金を残すためのもの**です。

子どもがまだ小さいのに、一家の大黒柱に先立たれてしまったら、奥さんはとても困ってしまいます。生命保険とは、そんなときのための保険なのです。

「じゃあ独身の場合はどうなるんだ?」と疑問に思った方もいらっしゃるでしょう。賢明な方なら、「もしかすると**独身の場合は、生命保険なんていらないのでは?**」と思ったのではないでしょうか?

そうなのです。

たまに独身で3000万、4000万円という生命保険に加入している方がいます。ケースバイケースですが、独身者が死亡した場合、いったい誰にお金を残す必要があるのでしょうか? ほとんどのケースで必要ないのです。

もちろん、「若いうちのほうが安いのでは」「将来病気になったら、保険に加入できなくなるのでは」など、色々な考え方があります。

その考え方を否定するつもりはありません。しかし大切なのは、**「今、必要なもの」ということを前提に考えていく**ということなのです。

自分のおかれている環境を見定めた上で、保険が必要か、考えてみるとよいでしょう。

保険ってなに？

自分が死んだ時に困る相手にお金を残すためのもの

保険が必要か考えてみるチャート

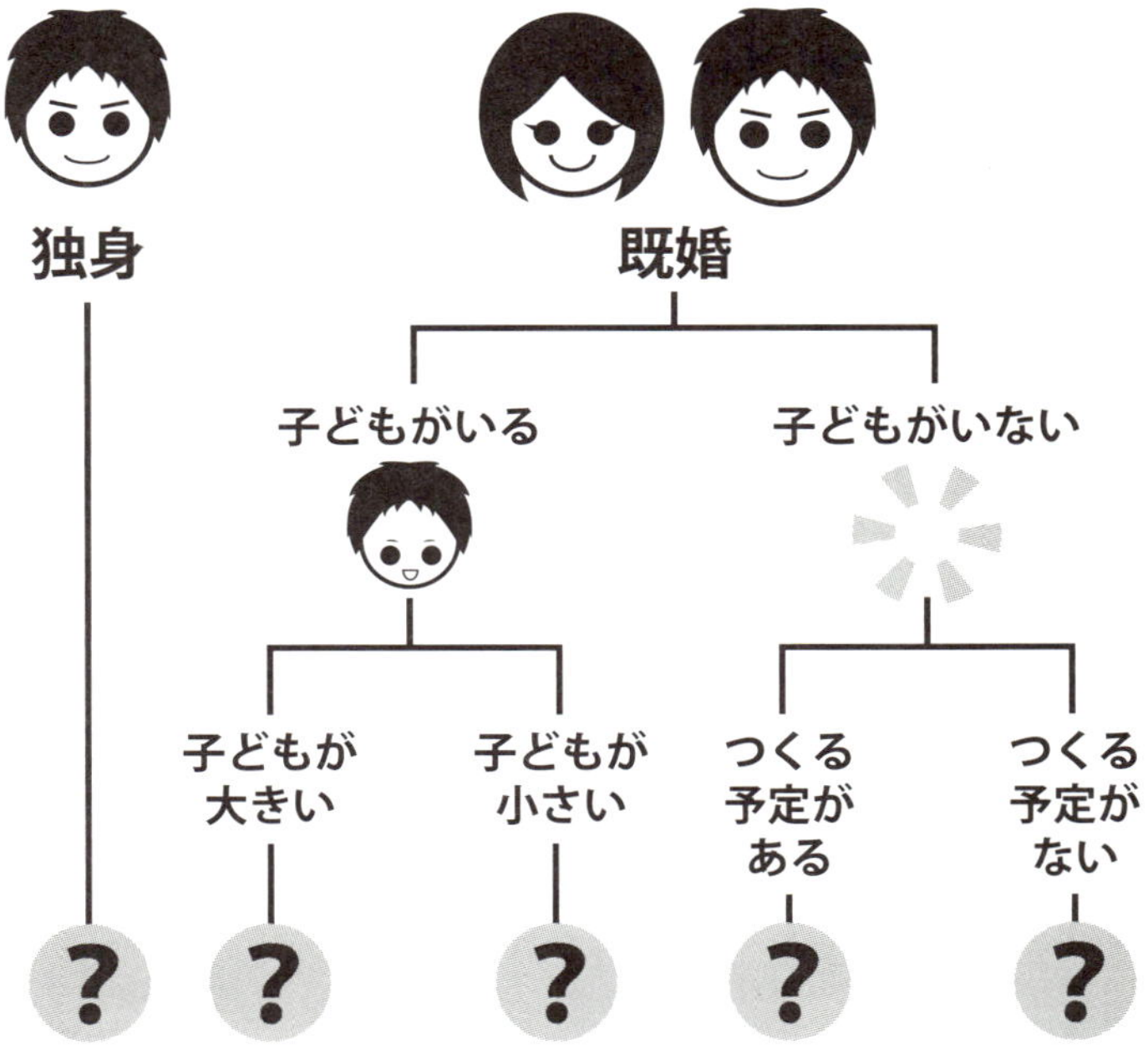

必要か不要か？
いくらぐらいの保険がいいのか？

今の自分に本当に必要なものを考える

知らないとヤバイ保険の話 3

★加入者は実はギャンブラー?

生命保険は命がけのギャンブル

生命保険は、**命をかけた「ギャンブル」**です。

こう書くと、「えっ!!　どういうこと?」と思う方もいるでしょう。

左の図で例をあげてみましたが、毎月数万円のチップを支払って自分が死ぬほうに賭けていると考えると、保険とギャンブルは仕組みがいっしょなのです。

しかし、このギャンブルは勝ってもうれしくありません。なぜなら、この賭けに勝つときは、自分が死んだときなのですから……。

また、このギャンブルでは勝ったとしても、**自分がお金を受け取れるわけではない**ということに注意が必要です。

受け取ることができるのは、加入者がお金を残したいと思っている家族などです。

このことからも、お金を残したいと思っている相手がいなければ手を出す必要がないということがわかると思います。

それはさておき、保険をギャンブルだと考えるならば、それが**我々にとって有利なのか不利なのか**、その構造を見ておくことが大切です。

次のページでは、厚生労働省が出している「完全生命表」をもとに、このギャンブルの勝率について見ていきます。

生命保険の仕組み

生命保険に加入

30歳

40歳までに死亡すれば
１億円の保険金が支払われる

毎月の掛け金（チップ）は１万円

ギャンブルにたとえると…｜40歳までに死ねば男性の勝ち　死ななければ保険会社の勝ち

↓

40歳

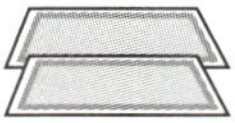

50歳までに死亡すれば
１億円の保険金が支払われる

毎月の掛け金（チップ）は２万円

ギャンブルにたとえると…｜死ぬ確率が高くなったので　チップは２倍になる

↓

50歳

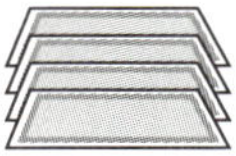

60歳までに死亡すれば
１億円の保険金が支払われる

毎月の掛け金（チップ）は４万円

生命保険は
自分が死ぬほうに賭けたギャンブルと同じ！

知らないと
ヤバイ
保険の話
4

★データを見て考える

負けるギャンブルへの賭け方

左ページ上のグラフは、厚生労働省の「完全生命表」をもとに作ったものです。簡単に言えば「何歳のとき何人生き残っているか?」を表したものです。

このグラフから計算すると、30歳の男性が、40歳までに亡くなる確率は、なんと約１％。50歳まででも約３・２％。つまり、**ほとんどの日本人男性は、みずから命を絶たなければ、50歳までに死なない**計算になるのです。

生命保険というギャンブルが、いかに勝つことの難しいギャンブルかが分かると思います。

それでは、こんなに確率が低いのなら、生命保険に入る必要はないのでしょうか?

いやいや、そうではありません。一家の収入源を失ってしまうと、家族や子どもを路頭に迷わせることになりかねません。いくら少ない確率でも、その危険性が０％でない以上、なんらかの方法でリスクヘッジをする必要があります。

だからこそ、一番考えなくてはいけないのが、**このギャンブルにいくら賭けるのか**ということです。

つまり、**「負ける」前提で最小限の勝負をしておくギャンブルが「保険」**という考え方なのです。

「負ける」前提で考えれば、生命保険の考え方は、飛躍的に変わってきます。必要最低限の掛け金で、挑む心がけができるからです。

データから分かること

生存数の推移（男）

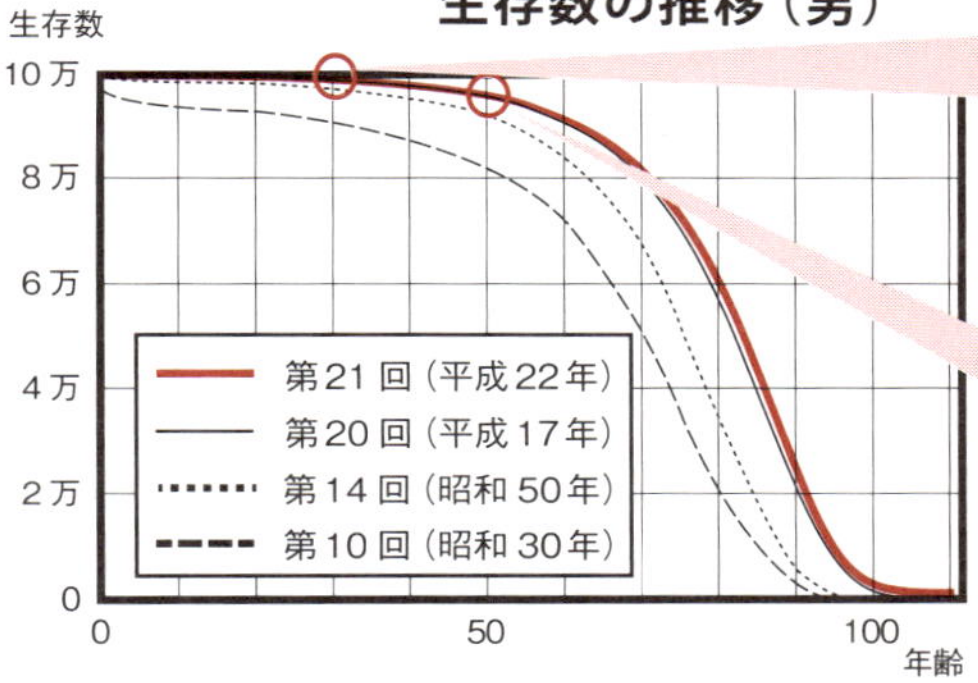

30歳の男性が
40歳までに
亡くなる確率
…**約1％**

30歳の男性が
50歳までに
亡くなる確率
…**約3.2％**

性・年齢階級別にみた主な死因の構成割合（男）（平成24年）

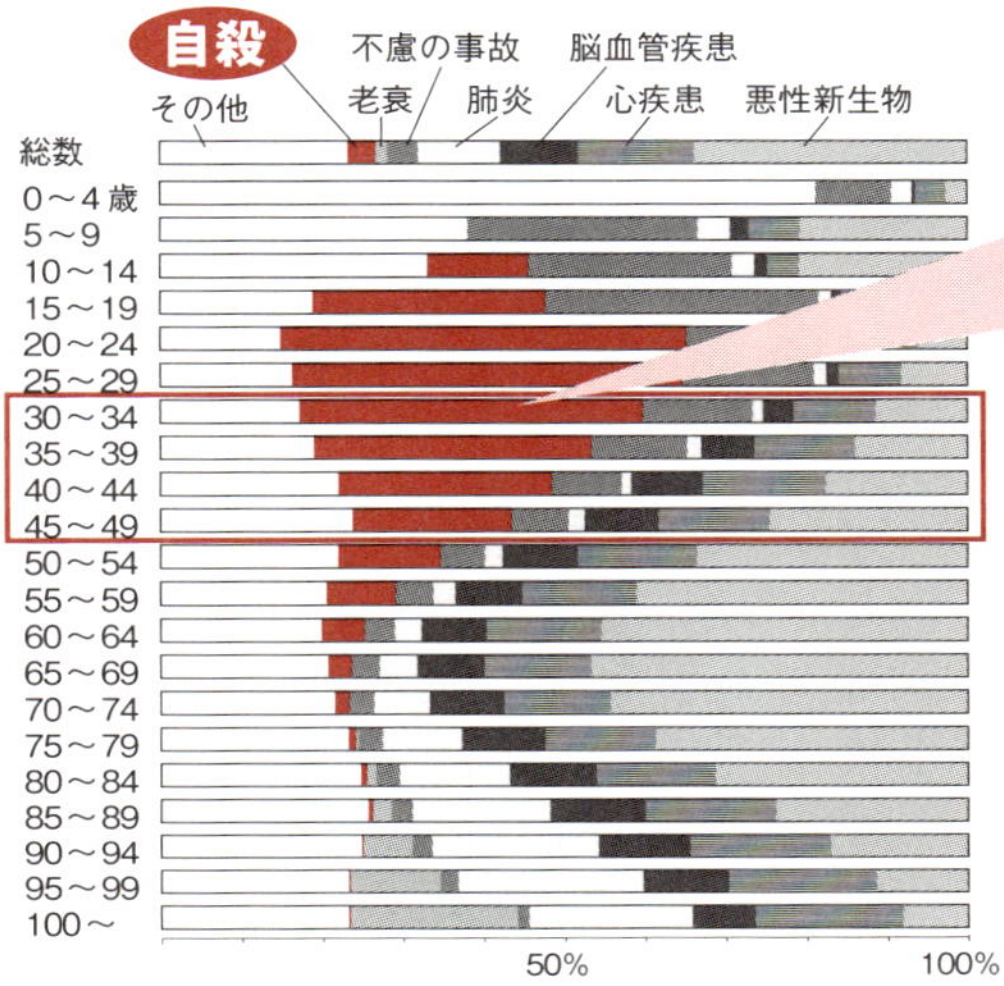

30〜49歳の
男性の
死亡原因
約35％は
自殺

自殺以外で
30〜49歳に
死ぬ確率…
日本人男性
全体の**2％**

ほとんどの日本人男性は
自ら命を絶たなければ50歳までに死なない

知らないと
ヤバイ
保険の話
5

★手厚い保障のほうがよさそうに見えるけど

保険の目的を考えてみる

昔、生命保険のセールスレディはよく、左図のようなトークをしていました。そして、この根拠がありそうでない金額を、長い間多くの日本人が信じてきました。

しかしもう、そんなのんきなことは言っていられない時代です。保険という勝てないギャンブルに挑むには、いったい**「いくらの保険金」を「いつまで」用意しなくてはいけないのか**をハッキリさせる必要があります。

意外と保険に入る目的がぼんやりしている人が多いので、まずは**保険に入る目的**から考えていきましょう。

保険に入る目的は、一言で言えば、万が一のことが起こったときにお金に困らないようにすることですよね。

その万が一とは、「大黒柱の死亡や要介護状態で収入が途絶えたとき」や「大黒柱がケガや病気などの療養で動けなくなったとき」などです。簡単に言えば、収入が長期にわたって失われる場合です。

つまり、**お金が入ってこなくなると困る状況に備えて、保険に入る**ということになるのです。

自分に必要な保険を考えるときは、万が一のときにいくらぐらい必要なのかを見定めることが重要になります。

かつての殺し文句
もしご主人が亡くなった場合、その後の教育費はお子さん1人あたり最低でも2000万円は必要です
契約書
保険会社のセールスレディ
「万が一」とはどんなときか
死亡
介護状態
収入が長期にわたって失われる場合
ケガ・病気等の療養など
重大疾患における後遺障害や長期療養

知らないとヤバイ
保険の話
6

★まずは自分の足元を見てみよう

家計を見れば必要額がわかる

万が一のときにいくらお金が必要かを考える上で大事なのは、**毎年の家計の収支を正確に把握する**ことです。

そしてその中から不必要なものをはぶいていくのです。

たとえばご主人に万が一のことが起こった場合を想定するなら、当然ご主人のお小遣いはいらなくなるし、毎月の生命保険料もいらなくなります。携帯電話代や服飾費・食費も1人分少なくなるし、車だって必要なくなるかもしれません。

こうして出た金額に教育費を足していきます。

高校までの分であれば６００万円もあれば十分ですが、大学の教育費を考慮すると、私立大学で下宿の場合はプラス１０００万円かかります（詳しくは54ページ参照）。合計で１６００万円。子ども２人なら３２００万円ですから大きな金額です。

この教育費が、必要な保険金額の80％ぐらいを占めます。

そうして出した生活費・教育費の合計で**支出の年表をつくってみて、はじめて万が一のときにいくらのお金が必要かが分かってくる**のです。

ここまでのことをすると自然に、保険でカバーするべきもの、それにいくらかければいいのかが見えてきます。

保険でなにをカバーする？

【シミュレーション】
もしも夫に万が一のことが起こったら…

生活に必要なもの	・生活費（水道光熱費・電話代・食費・保険） ・住宅関連費用 （住宅ローン・固定資産税・下水道料金） ・自動車関連費用 （ガソリン代・保険・税金・車のローン） ・教育費（学費・塾費等） ・葬祭費用（お墓・仏壇費用含む）
いらなくなるもの	・夫のお小遣い ・毎月の生命保険料 ・１人分の携帯電話代・服飾費・食費 ・車？
今後必要になるもの	・高校までの学費＋習い事など→600万円程度 ・大学までの教育費 （私立大学で下宿の場合）→1000万円 合計…1600万円（子ども2人なら3200万円）

必要な保険金額の80%は教育費

どこまで保険で
カバーするか
自分の家の事情に
合わせて考えなきゃ

知らないとヤバイ保険の話 7

★「保険」という名前ではないけれど 実はもう保険に入っている

万一の場合、残された家族に支払われるのは、生命保険だけではありません。このことを忘れると、必要以上に高額な保険料の支払いをすることにもなりますのでチェックしていきましょう。

私たちは、毎月**「社会保険料」**というもうひとつの保険を国に納めています。ですから、万一の場合**「遺族年金」**が支給されます。

また、お勤めになっている会社によっては、死亡退職金制度や見舞金制度、厚生年金基金や、職員年金制度等の福利厚生制度を持っているところもあります。一度よく調べてみる必要がありますね。

そして私は、社会保険以上の保険がもうひとつあると、私は考えています。それは、**いざというときは自分も働くことができる**ということです。

「何を言うんだ、この不景気なときに。働くところがなくて困っている人がたくさんいるじゃないか！」と思われるかもしれません。そうかもしれませんが、誤解を恐れずに言えば、その気になれば働くところはあるのではないかと思います。

自分らしく働ける職場なのか、お給料が働きに見合っているのかとなると話は別ですが、日本に住んでいる限り、パートやアルバイトをして**多少なりともお金を稼ぐことはできるはず**です。それらで補填できない部分を保険でカバーするのです。

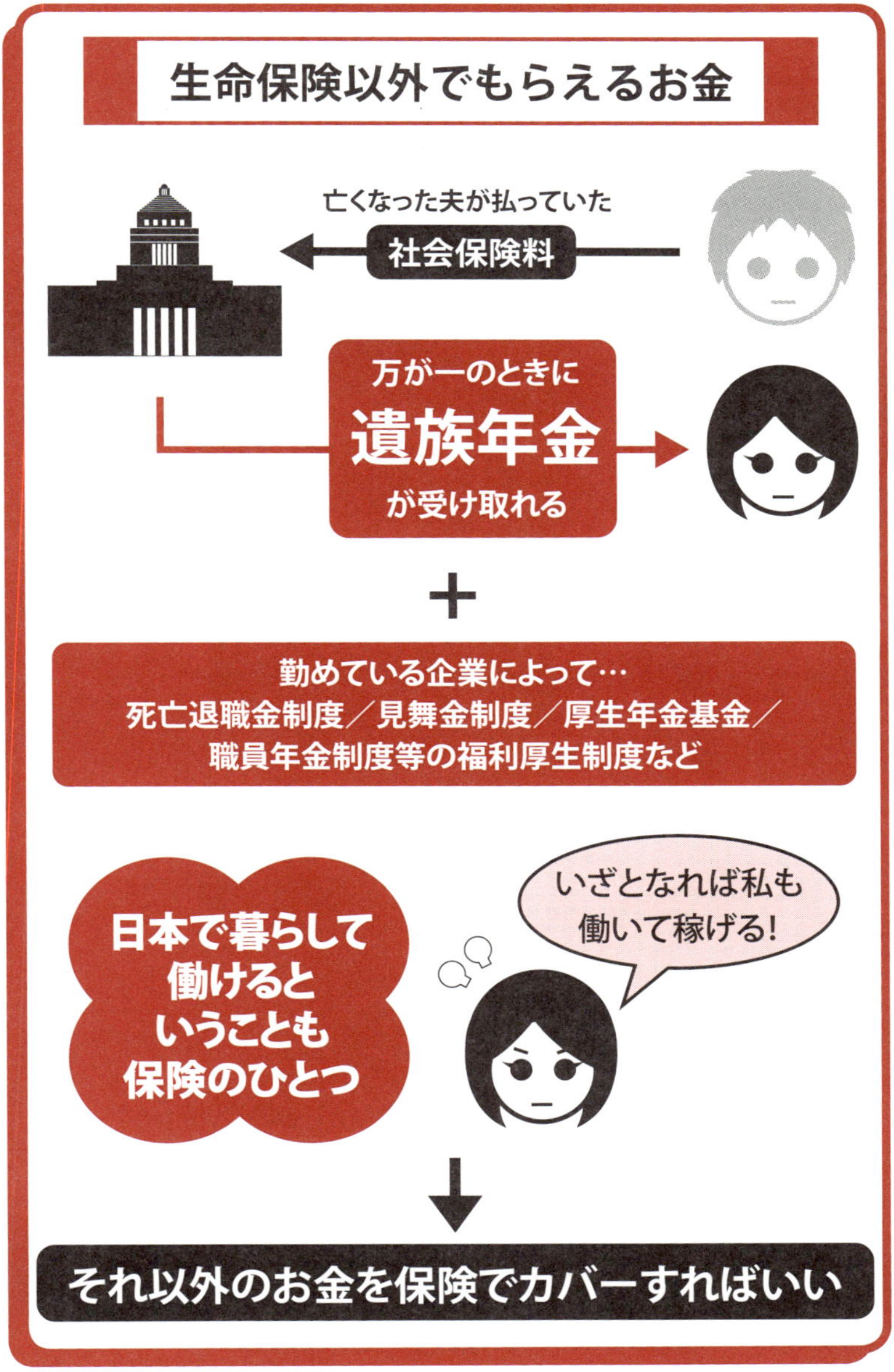
生命保険以外でもらえるお金
亡くなった夫が払っていた
社会保険料
万が一のときに
遺族年金
が受け取れる
＋
勤めている企業によって…
死亡退職金制度／見舞金制度／厚生年金基金／
職員年金制度等の福利厚生制度など
日本で暮らして
働けると
いうことも
保険のひとつ
いざとなれば私も
働いて稼げる！
それ以外のお金を保険でカバーすればいい

知らないと
ヤバイ
保険の話
8

★保険で損をすることもありえる

保険でカバーする範囲を考える

それでは具体的にどれぐらいの金額を保険でカバーすればいいのでしょうか。簡単なシミュレーションをしていきましょう。

3歳と1歳の子どもを持つご家庭のご主人が亡くなり、奥さんがパートに出ることになったとします。

稼げる金額は人によって違いがありますが、年間１００万円程度は収入が得られると考えられます。そうすれば、30年間で３０００万円の収入が見込めます。

また奥さんに支払われる遺族年金は、左ページで計算したように総額約４５００万円になります。パート収入と遺族年金を合わせると７５００万円。事前に計算していた万が一のときに必要になるお金が1億円だとすると、差し引き２５００万円になります。

つまり、奥さんが働きに出ることを前提とするならば、1億円の支払いのある保険に入る必要はなく、２５００万円の保険に入ればよいということになるのです。

こう考えると保険料の見直しにもつながりますよね。もし、ここまで考えて生命保険を選んでいないとしたら問題です。もしかすると**安心を買っているはずの保険で、お金を失っている**なんてことにつながるのです。

保険でカバーする部分はどのくらい？

【シミュレーション】
もしも夫に万が一のことが起こったら…

奥さん…30歳　　子ども… 3 歳と 1 歳

奥さんに支払われる遺族年金

※子どもの成長によって金額が変わるのでおおよその計算です

上の子が18歳になるまでの15年間
月額約14万円
12ヵ月×15年＝
2520万円

→

その後、下の子が18歳になるまでの２年間
月額約12万円
12ヵ月×２年
288万円

→

その後、奥さんが65歳になるまで
月額約８万円
12ヵ月×18年
1728万円

総額約4500万円

年間100万円程度のパート代を稼ぐ→30年間で **3000万円**

もし今万が一のことがあれば
１億円 のお金が今後かかるとして…

年金4500万円＋パート収入3000万円＝7500万円

↓

残り2500万円分のリスクを生命保険でカバーすればいい

遺族年金については126ページも参照してください

知らないと
ヤバイ
保険の話
9

★病気になったらお金がかかる

医療保険との付き合いかた

ここまで「生命保険」について見てきましたが、次は「医療保険」について考えていきましょう。

「いったい医療保険は、どんなものに、どのくらい加入していればいいのか?」と思っている方は多いようです。

保険会社のパンフレットには、1回の入院にかかった費用だとか、1日あたりに必要な入院額など、びっくりするような金額が表示されています。

そんな金額は本当に必要なのでしょうか?

ここで、**健康保険**に登場してもらいましょう。

健康保険とは、皆さんが持っている健康保険証の制度です。

健康保険には、病気やケガについて、大きく3つの保障があります。それは、**「療養の給付」「入院時食事療養費」「高額療養費」**の3つです。

そしてそのおかげで、左の図の通り、意外と医療費はかからないものなのです。

保険会社のパンフレットにはとても大げさな金額が載っていますが、実はそのほとんどは高額療養費の適用前の金額なのです。

保険会社は保険という商品を売るために不安をあおることをしてきますが、医療費を保険で補おうと考えると、入院日額5000円もあれば充分だと言えるでしょう。

健康保険からもらえるお金

療養の給付

自分で払う医療費は30%

健康保険が負担	自己負担

残り70%は保険料と税金からの財源が
負担してくれる（70歳以上の一部の方を除く）

入院時食事療養費

自分で払う食事代上限は１食260円
（１ヵ月で2万4180円）
（2016年から段階的に
引き上げの予定）

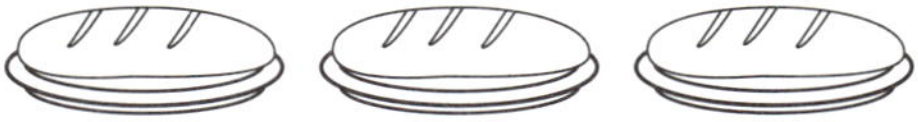

残りは入院時食事療養費として健康保険が負担する

高額療養費

１ヵ月の医療費が1000万円、自己負担が300万円とすると…

自己負担限度額は1ヵ月17万7430円

自己負担限度額を超えた月以前12ヵ月の間に
３ヵ月以上自己負担限度額を超えた月があったら…

４ヵ月目からは４万4400円まで

（詳しくは46ページへ）

食事代を合わせても、自己負担は12万円前後

かなりの部分を健康保険でカバーできる

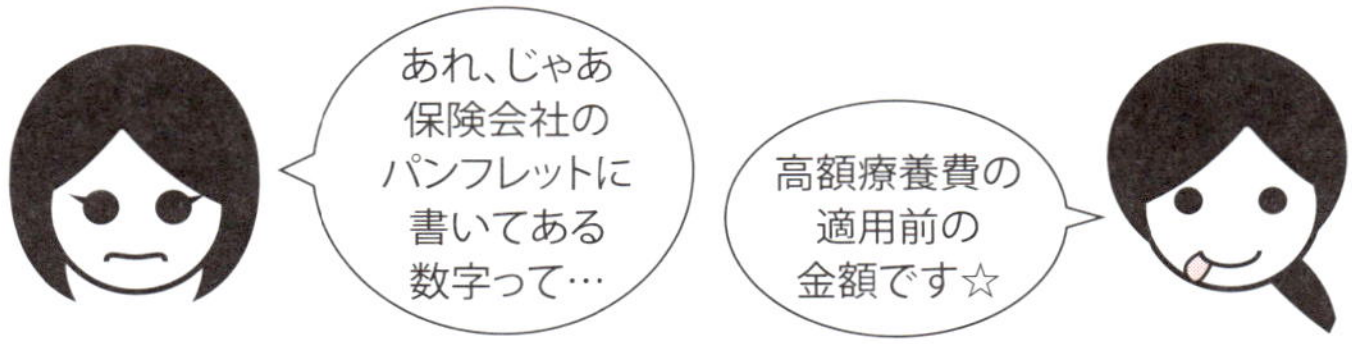
あれ、じゃあ保険会社のパンフレットに書いてある数字って…
高額療養費の適用前の金額です☆

医療費を保険で補いたいなら、入院日額5000円もあれば充分

知らないと
ヤバイ
保険の話
10

病気で収入が減ったときの対策

★治療費以外の大事なところ

入院に必要な費用は、医療費だけではありません。医療保険の目的の２つ目に、**「入院することによって失ってしまう収入の補填」**という考え方があります。

これは公務員や大企業にお勤めの方は、ほとんど気にする必要はありません。会社の福利厚生がしっかりと行き届いていて、入院したからといって給料がもらえなくなることはないからです。**問題は中小企業のサラリーマンと自営業者です。**

サラリーマンは入院した場合、大企業・中小企業を問わず、４日目以降最長１年６ヵ月、おおよそ給料（正確には標準報酬日額）の３分の２にあたる「傷病手当金」を社会保険からもらうことができます。しかし、傷病手当金の支給のない自営業の方（国民健康保険）は、入院すると無収入になってしまう可能性があります。そこまで考えると中小企業にお勤めの方は入院日額７０００円程度のものに、自営業の方は入院日額１万円程度の医療保険への加入を検討してもいいかもしれません。

しかし、１年間の入院だと仮定して、医療費を１３５万円、減少する収入を１６７万円とすると、３００万円の貯金さえあれば、リスクへの備えはできていると考えることもできます。**保険料を貯蓄にまわして備えるという手法もある**のです。

健康保険以外で準備するお金

健康保険が頼もしいのは
わかったけど
医療保険はどうしよう…

【シミュレーション】
もしも夫が１年間
入院したら…

1ヵ月にかかる医療費…約15万円
4ヵ月目以降…約10万円

１年間の合計
約135万円

入院中は給料が３分の２になる
年収500万円と仮定すると…

減少する収入
約167万円

必要なのは約300万円

300万円の預金があれば
医療保険に入る必要はないか…

年収ぐらいの貯蓄があれば
たいていのリスクに対応できる

過剰に不安になり、掛け捨ての医療保険に
たくさんお金を使うことはセンスのいい行動とは言えない

知らないとヤバイ
保険の話
11

★自分も患者になるかもしれない

がん保険に入るべき？

「がん保険に入ったほうがいいですよね？」

こんな質問をよく受けます。**「日本人の２人に１人ががんになる時代」**などという言葉だけが一人歩きしたせいでしょうか。

もともとこのフレーズは「がんの統計'11」の統計資料あたりが根拠になっているのでしょうが、この統計資料というのが、実はとても微妙なものなのです。間違いではないのでしょうが、統計というのは時として、それを**利用する側の都合のいいところばかりが強調される**ことがあります。

この統計も、全体をながめれば少し見え方が変わってきます。

左上の表をみると、確かに、生涯でがんになる確率は、男性62％、女性46％となります。

しかしよくみると、30歳男性が60歳になるまでに限定すればその確率は７％、女性であれば10％。

つまりがんは、**多くの場合は60歳以降に患う**ということです。

そうなると、子どもたちはすでに大きくなっていて教育費はかからなくなっているかもしれませんし、今とは生活環境も変わっているでしょう。

フレーズに踊らされずに「がんになるとしたらいつ頃か」「そのときにいくら必要なのか」と考えることが大切です。

がんになる確率はどのくらいか

年代・性別 がんになる確率　白い枠は男性、ピンクの枠は女性（単位:%）

現在の年齢	10年後	20年後	30年後	40年後	50年後	60年後	70年後	80年後	生涯
0歳	0.2 0.1	0.3 0.2	0.5 0.6	1 2	2 6	8 11	21 19	41 29	62 46
10歳	0.1 0.1	0.3 0.5	0.9 2	2 5	8 11	21 19	41 29		62 46
20歳	0.2 0.4	0.7 2	2 5	8 11	21 18	41 29			62 46
30歳	0.5 1	2 5	7 10	21 18	42 28				62 46
40歳	2 4	7 9	21 17	42 28					63 45
50歳	6 6	20 14	41 25						63 44
60歳	16 9	39 21							63 41
70歳	30 13								60 36

人口動態統計（厚生労働省大臣官房統計情報部編）（2011年）より抜粋

この表から分かること

↓

日本人の
2人に1人は
がんになる

＋

30歳の人ががんになる確率

50歳まで	60歳まで
↓	↓
男性 2%	男性 7%
女性5%	女性10%

「日本人の２人に１人は
がんになる」は
確かにそうだけど…
確率が高いのは
50歳を過ぎてから
なんだ
その頃には
子どもたちはもう
大きくなってるね

知らないとヤバイ保険の話
12

★落ち着いて考えてみたい リスクのカバーの前にやるべきこと

がんは怖い病気です。昔ほど不治の病ではなくなってきたものの、やはり死亡率の高い病気です。その印象と、「日本人の2人に1人ががんになる時代」というフレーズが重なって、「もし、子どもが小さなうちに主人ががんになったらどうしよう」などと不安になってしまうのは仕方のないことです。

しかし、前ページの表で確認したように、全体をながめてみると、子どもが一人前になる前に、がんになる確率はそこまで高くないということが分かります。

「それじゃあ、がん保険はいらないんだ!?」ということではありません。問題は、**情報を正確に把握するということ**なのです。一度落ち着いて全体をながめることも必要なのです。

特にがん保険は、当たり前ですががんにならないともらえない保険です。**まずは自分のおかれた環境を確認してから、がん保険の必要性を考えましょう。**

そして、いくら保険料を掛けて、いくら給付金をもらえるのかを計算してみて、その結果、がんを患うリスクを貯蓄でカバーするのか、保険でカバーするのかを検討してみるといいでしょう。

がん保険に加入するならばそれからでも遅くはないはずです。

確率が低ければがんにかからない？

35ページの表をふまえて…

どう考える？

がんにならない確率の
方が高いなら
わざわざ保険なんかに
入らなくてもいいじゃん

もしかしたら自分が
39歳までにがんになる
0.7%のうちの
1人かもしれないなあ

決める前に、自分の周囲を見渡して

健康保険の支払いに問題はない？

もう結婚した？扶養家族はいる？

いろんな項目をチェックする
：
みんなに共通するようなたったひとつの答えはない

親族の中にがん患者がいる？

子どもは何人いる？まだ小さい？

↓

あらゆることを考慮して保険に入るかどうかを決める

知らないとヤバイ保険の話 13

★セールスマンはよく言うけれど

保険は貯蓄になるか

ここでは生命保険のもうひとつの機能、貯蓄性について考えていきましょう。

貯蓄型の保険はいくつかありますが、その代表例としてよくあげられるのが、**個人年金保険**です。

個人年金保険は、その名の通り、**老後リタイヤしたときの生活費を今から準備していくための保険**です。一般的には「10年確定年金」と呼ばれるものが主流です。

たとえば、30歳から60歳まで毎月1万円の掛け金を払うと、60歳から70歳までの10年間、決まった金額が支給されるというようなものです。

個人年金保険には、死亡時の保険が付いていないのが一般的なので、**掛けている途中で亡くなった場合は、掛け金の相当額が戻ってくる**という仕組みになっています。

もらい始めてから10年経過するまでの間に亡くなった場合も、このケースでは遺族に残額が支払われるので、損はありません。

また、加入の特典として、「個人年金保険料控除」といって、所得控除を受けることができます。

こうやって見ると、なんのデメリットもない利率のいい貯蓄に聞こえます。しかし、本当にデメリットはないのでしょうか？ 実はそうでもありません。次の項目で詳しく見ていきましょう。

10年確定個人年金保険の場合

30歳～60歳 → **60歳～70歳**

毎月１万円の
掛け金を払う

決まった金額が
支給される

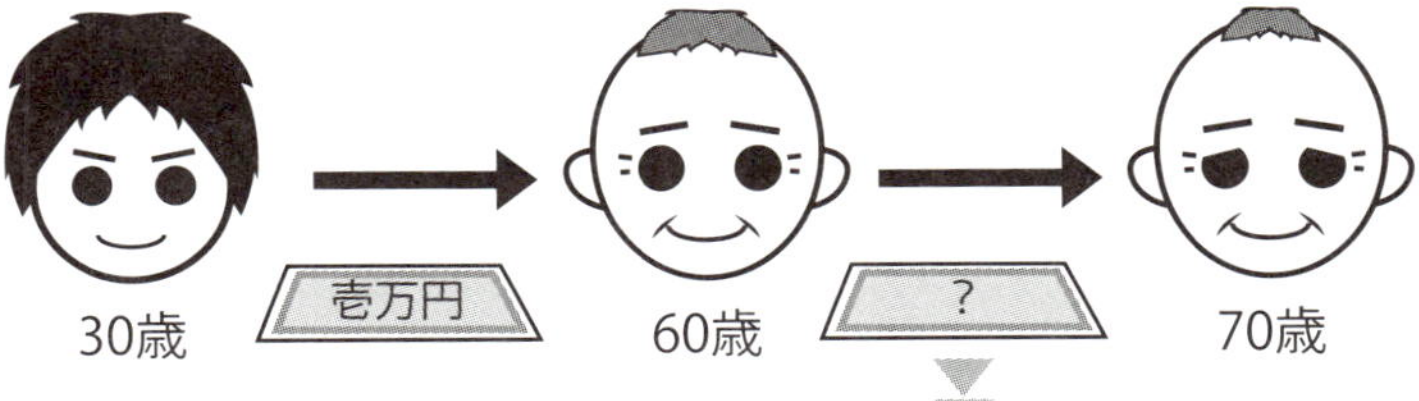
30歳
壱万円
60歳
?
70歳

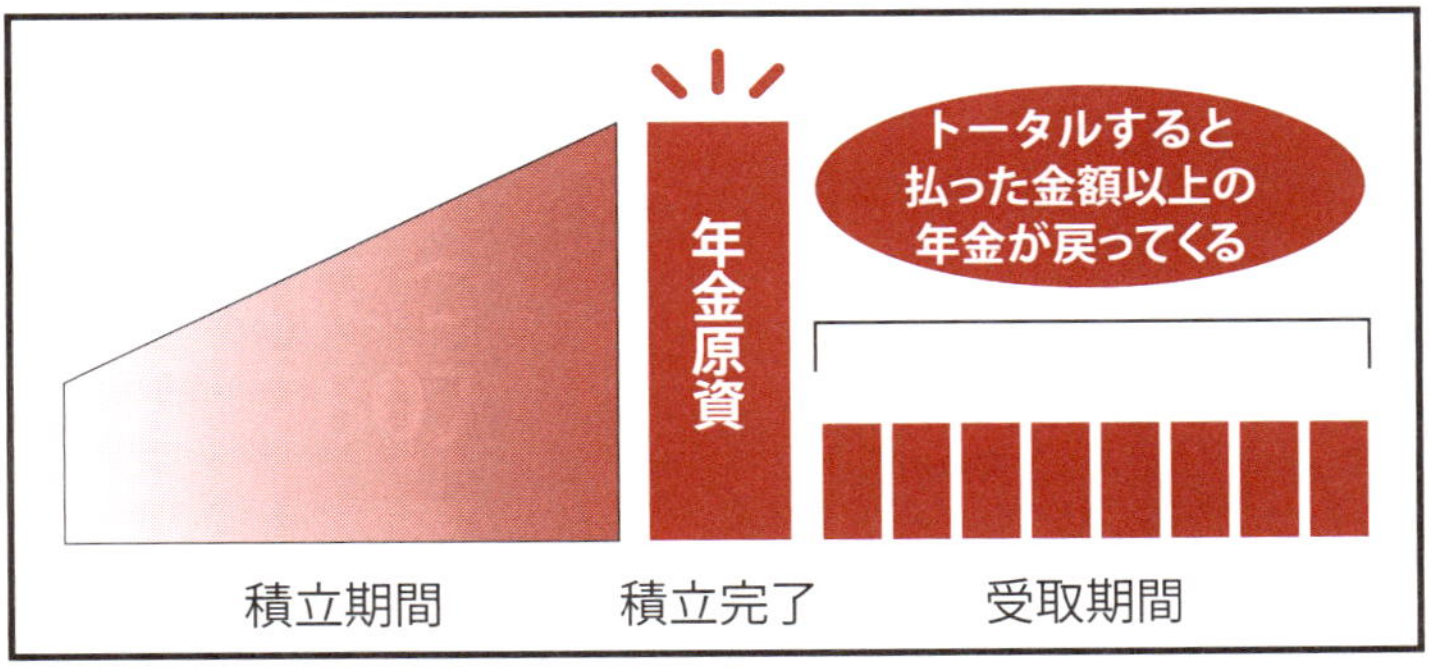
年金原資
トータルすると
払った金額以上の
年金が戻ってくる
積立期間
積立完了
受取期間

亡くなった場合

掛けている途中で
亡くなった場合
↓
掛け金の相当額が
戻ってくる
（例外あり）

10年経過するまでに
亡くなった場合
↓
遺族に残額が
支払われる

特典

所得控除を
受けられる

最大４万円の
控除が可能

（96ページ参照）

知らないと
ヤバイ
保険の話
14

★加入を考えるなら押さえておきたい

保険で貯蓄をするときのポイント

保険での貯蓄は、個人年金保険に限らず、**長期間加入するから利率がよくなるように設計されています**。

そのため、短期間で解約等をする場合は、支払った金額を下回ったり、定期預金のほうが利率がよかったりするのです。つまり、**長く続けることが基本**というわけです。

しかし、どうでしょうか？　若い方には結婚・出産・子育て・住宅ローンと、何かと出費が続く時期があります。当然、必要な生活費も増えていきます。問題は、**「その中でも支払い続けることができるのか？」**ということです。

老後の資金の確保は大事ですが、そのために住宅ローンの頭金が少なくなって、多額のローンを借りるのなら、それは本末転倒なのです。

「その保険に入り続けていられるのか」をきちんと考えたうえで入らなければ、解約せざるを得ない状況になり、最終的には損をしてしまったということにもなりかねません。

これまでに見てきたすべての保険にも言えることですが、大切なのは、現在自分のおかれた環境を確認し、その上で将来のイメージを持つこと、そしてその時々で必要になるものを保険でカバーするという考え方なのです。

個人年金はいいことばかりか？

★個人年金加入のための絶対条件★

長く加入すること

個人年金は、長期間加入するから
利率がよくなるように設計されている

…一見簡単なことのように思えるけど…

30〜60歳の間に起こること

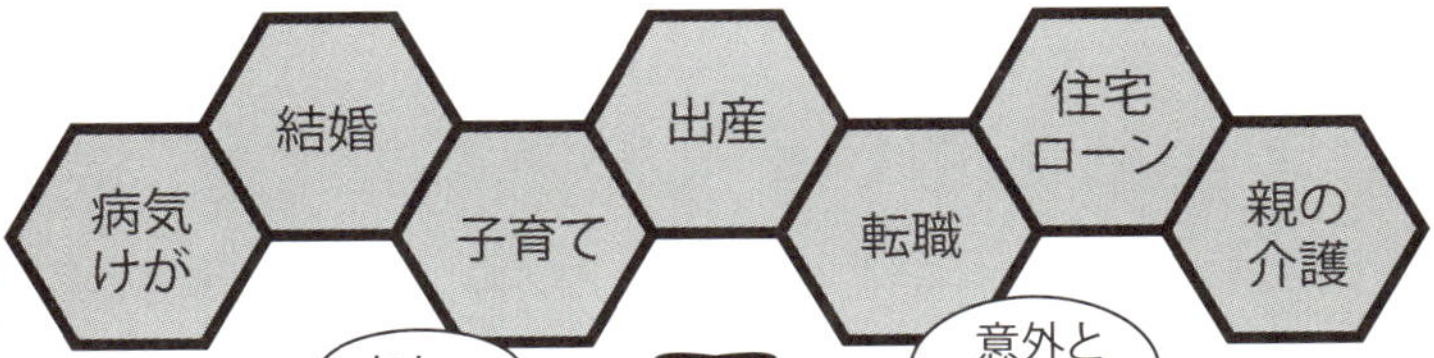
病気
けが
結婚
子育て
出産
転職
住宅
ローン
親の
介護

あれっ
意外と
難しい？

**30年間、
解約せずにいられるか？**

↓

**30年間、
支払い続けられるか？**

↓

**長い間お金を支払い続ける＋動かせないことは
大きなデメリットになりえる**

最後に損をしないようによく考えよう

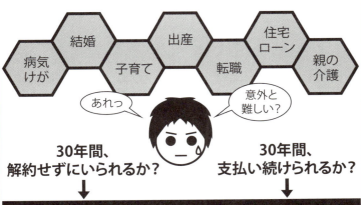

知らないとヤバイ保険の話 15

★災害リスクはかなり大きい

損害保険との付き合いかた

2011年3月11日、未曾有の大災害が東北・関東地方を襲いました。こういった非常事態が起こると、現実的な問題としてやはり保険が気になってきます。

実際こういった震災時に保険はどれぐらい役に立つのでしょうか?

先の震災を例に考えると、被害がもっとも甚大だったのは、地震による津波と火災です。

多くの家や自動車が津波や火災の被害を受けました。こういった場合、家や自動車に保険は支払われるのでしょうか?

実は、残念ながら、**ほとんどの家・自動車の保険の支払い事由から地震は除かれています**。

多くの保険の説明書には、「地震、噴火、津波、戦争、武力行使、革命、内乱等の事変、暴動、核燃料物質等によって生じた損害障害については、すべての補償項目において保険金をお支払いできません」と書いてあります。つまり、保険金の支払い対象にはならないのです。

ショックを受ける方も多いと思いますが、これが現実です。**地震による被害が支払いの対象となる保険は実は、地震保険だけなのです**。火災保険への加入を考える際には、地震の場合は適用されないということを忘れないようにしてください。

火災保険の基本的なしくみ

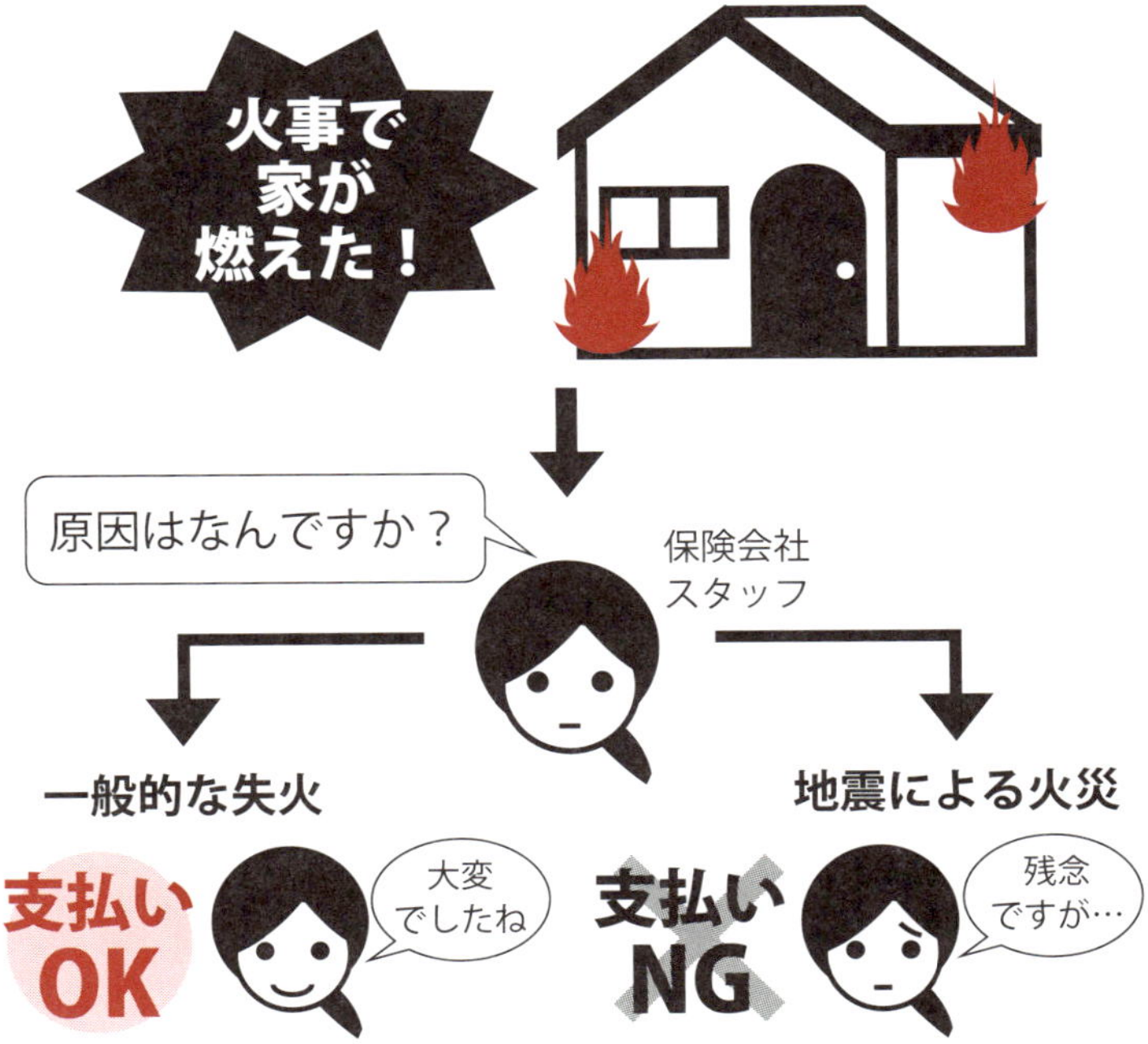

被害としては同じ火災でも
原因次第で保険金が下りない可能性がある

多くの保険の説明書にはこう書いてある

地震、噴火、津波、戦争、武力行使、革命、内乱等の事変、暴動、
核燃料物質等によって生じた損害障害については、
すべての補償項目において保険金をお支払いできません

知らないとヤバイ保険の話 16

★保険ではカバーしにくい

地震のリスクをカバーする方法

損害保険では地震のリスクをカバーできないとなると、地震に備えるためにはどうすればいいのかという方もいらっしゃると思います。そこで登場するのが「地震保険」です。

地震保険は、火災保険に加入している家だけが加入できる保険です。

保険金額は、火災保険の保険金額の30％から50％に相当する金額の範囲内となっています。ですから、損害を受けた金額が全額保険で補えるわけではありません。

中には保険会社が独自に地震保険で補えない残りの50％を補償している商品もありますが、保険料が高いのが現実です。

また、**地震保険はあくまでも家（建物・家財）のみを対象としているもの**ですから、自動車は対象としていません。自動車には車両保険があるのですが、この大多数も地震や津波は補償対象外です。

とは言っても、有事を目の前にすれば、地震保険を検討する必要は充分ありそうです。各保険会社によって規程が異なりますので、ご自分の加入している保険内容を見直す必要があるでしょう。

こういった機会だからこそ、地震保険の加入の有無、自動車保険の内容について確認してみましょう。

火災保険と地震保険の関係

●ミニ図解●

高額療養費を考えてみる

70歳未満の人の１ヵ月あたりの医療費の自己負担限度額は…

標準報酬月額	一ヵ月あたりの上限
83万円以上	25万2600円＋（医療費－84万2000円）×1％
53～79万円	16万7400円＋（医療費－55万8000円）×1％
28～50万円	8万100円＋（医療費－26万7000円）×1％
26万円以下	5万7600円

生活保護の被保険者や市区町村民税の非課税者など

一ヵ月あたりの上限	3万5400円

※1年の間に該当月が4回以上あった人は「多数該当」となり、4回目以降は上記よりさらに安くなる

【結論】**健康保険に入っている限り、意外と医療費はかからない。**

★１ヵ月入院しても、正味の自己負担額は10万円前後。
＋食事代（約2.4万円）＝12.5万円前後。

2章
知らないとヤバイ
家庭のための
お金の話

知らないとヤバイ
家庭のためのお金の話
1

★人生の一大イベント

結婚にかかるお金

実は、この不景気にも関わらず、**結婚費用の総額は増え続けています**。

「日本は不況だ」と騒がれて久しいのに、金額が上がっているのです。

結婚費用の増加はこの先も進むと考えられます。そのもっとも大きな原因は、**晩婚化**です。

この15年で、初婚の平均年齢は約２歳も遅くなりました。「初婚の25%はできちゃった婚だ」と言われ、なおかつその大半が25歳未満だということを考えると、それ以外の結婚の年齢は大幅に高くなっていると予想できます。新郎・新婦ともに社会人期間が長い分、蓄えも多く、結婚にお金を使えるのでしょう。

では、新婚夫婦は実際どのくらいのお金を使っているのでしょうか。

平均総費用は約４４６・１万円（２０１４年）。

この数字に、世の男性は尻込みしてしまうかもしれません。しかし心配はいりません。結婚式には**ご祝儀**がつきものです。

ご祝儀の平均金額は約２１９・９万円。４４６・１万円のうち２１９・９万円がご祝儀ですから、差額は約２２６万円。**夫婦２人で割り勘すると１人１１３万円**となるわけですから、尻込みすることはないのです。

結婚費用と初婚平均年齢の変化

結婚費用の変化と初婚の平均年齢

（結納・婚約～新婚旅行）

	費用	初婚平均年齢	
		男性	女性
2010年	436.5万円	30.5歳	28.8歳
2011年	461.7万円	30.7歳	29.0歳
2012年	454.0万円	30.8歳	29.2歳
2013年	458.9万円	30.9歳	29.3歳
2014年	446.1万円	31.1歳	29.4歳

増加している

男女とも晩婚化

（結婚情報誌「ゼクシィ」（リクルート発行）および総務省人口動態調査より）

結婚費用の内訳

結婚費用　446.1万円

披露宴出席者からの
ご祝儀
（2014年平均）

妻
約113万円

夫
約113万円

ご祝儀 219.9万円

夫婦 約226万円

知らないとヤバイ
家庭のための
お金の話
2

★昔にくらべて負担は激減

出産にかかるお金・もらうお金

結婚の次の大イベントは、一般的には新しい家族、つまり子どもの誕生でしょう。

一般的には分娩の費用は、30万円から50万円の間と言われていますが、有名な病院などで出産する場合は、その2倍の費用がかかるケースもあります。

またほとんどの場合、退院のときに、**42万円をオーバーした金額については支払うことが求められます**。

予定外の出費なんてことにならないように、分娩を予定している病院で、事前に金額の確認をしておく必要があるでしょう。

以前は、妊娠にかかる費用は全額自己負担でしたが、2009年度より、妊婦健診14回分は**「原則」全額公費負担**、つまりタダとなりました。

「原則」というのは、予算としては国から自治体に配分されましたが、実現するかどうかは自治体の努力と判断によるためです。地域によって回数に差がある場合もあるので注意してください。

母子手帳を自治体に発行してもらうと、一緒に健診の無料券や「出産育児一時金」が支払われます。

さらに、本人がサラリーマンで社会保険に加入している場合、「出産手当金」という制度を利用できます。

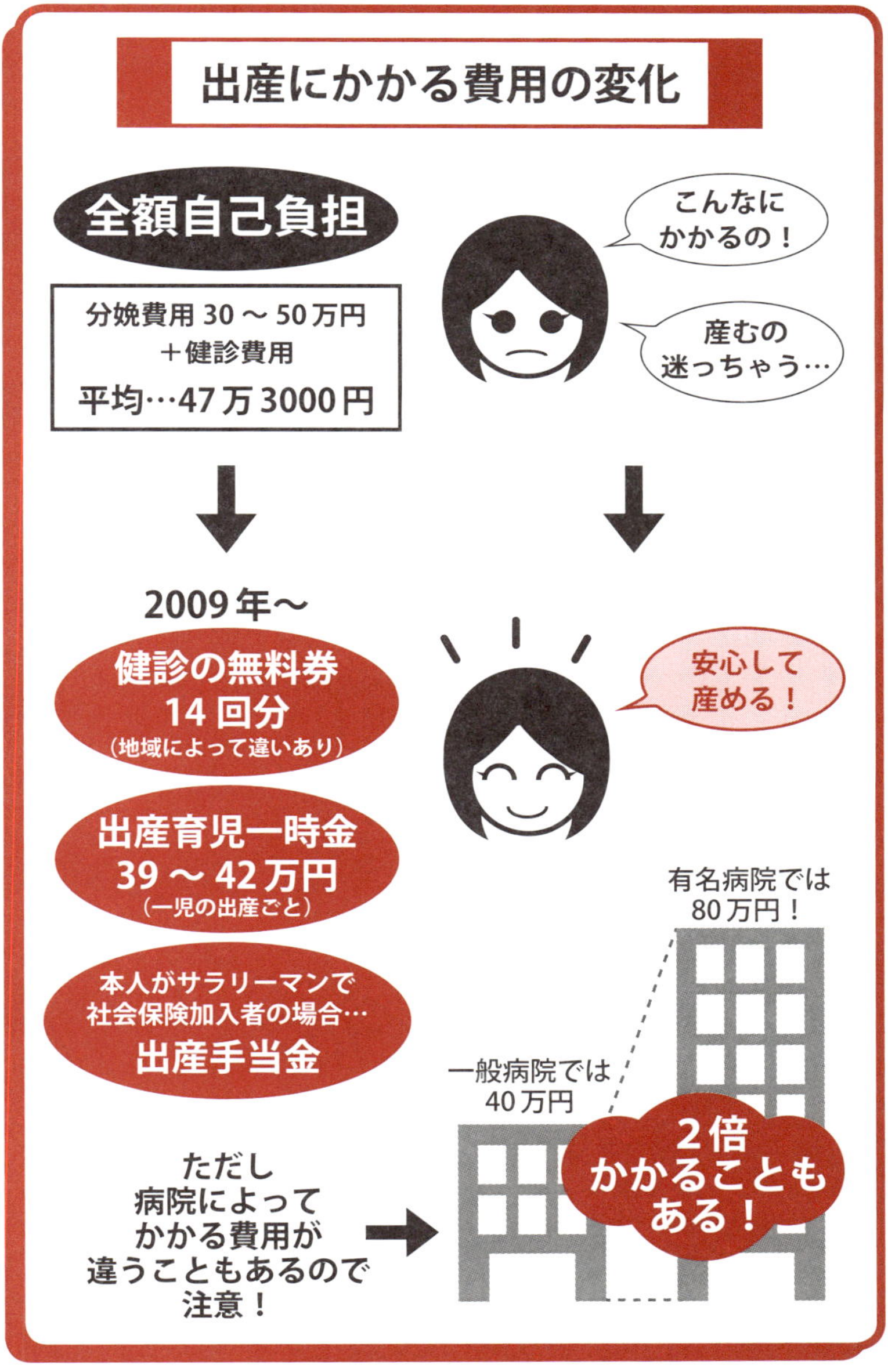
出産にかかる費用の変化
全額自己負担
分娩費用 30 ～ 50 万円
＋健診費用
平均…47 万 3000 円
こんなに
かかるの！
産むの
迷っちゃう…
2009 年～
健診の無料券
14 回分
（地域によって違いあり）
出産育児一時金
39 ～ 42 万円
（一児の出産ごと）
本人がサラリーマンで
社会保険加入者の場合…
出産手当金
安心して
産める！
有名病院では
80 万円！
一般病院では
40 万円
2倍
かかることも
ある！
ただし
病院によって
かかる費用が
違うこともあるので
注意！

知らないとヤバイ
家庭のためのお金の話
3

★地域によって大きく違う

子どもの医療費には要注意

出産に関する「診察の無料券」、「出産育児一時金」「出産手当金」は自治体による違いはありませんが、出産後の医療助成費については違いがあるので注意が必要です。

実は**子どもの医療費の助成は、地域によってバラバラ**なのです。同じ都道府県内でも、区市町村が違うと助成の中身が違っています。

たとえば、東京都23区の場合、「中学生まで入院・通院ともに患者負担分を全額助成（所得制限なし）」となっていますが、同じ東京都でも多摩地区になると「中学生まで入院無料、小学校就学前まで通院無料、中学生まで自己負担２００円（所得制限あり）」となっています。

助成内容にも違いがありますが、**所得制限がある**ことにも気をつけましょう。年収が高い場合は、助成制度を受けることができないこともあるので、ご自身の自治体の状況を確認しておくことが必要です。

また、医療費助成以上に、障害のある児童の受け入れ体制なども自治体によって大きく異なります。

新居探しや住宅購入のときなどは、ぜひ一度候補地の助成制度の内容を役所に問い合わせてみてください。

出産～育児でもらえるお金

妊娠する

母子手帳を自治体に発行してもらう

健診の無料券

・規定回数以上の健診や
任意の検査などの費用は全額自己負担

出産育児一時金

・病院が産科医療補償制度に加入しているか
どうかで 額が違う
・基本的に健康保険の加入者であれば誰でも
受け取れる

産む

出産手当金

・1日につき標準報酬日額の3分の2に
相当する額
・健康保険の被保険者＋社会保険に加入
している人が受け取れる

育てる

要注意！　子どもの医療助成費

東京都23区の場合
・中学生まで入院・通院ともに患者負担分を
全額助成（所得制限なし）

東京都多摩地区の場合
・中学生まで入院無料、
小学校就学前まで通院無料
中学生まで自己負担200円（所得制限あり）

助成の中身が地域によって違う
同じ都道府県・市町村でも違う場合あり

知らないとヤバイ家庭のためのお金の話 4

★人を育てるのはラクじゃない

子どもの教育にかかるお金

人生の中で、実は**子どもにかかる教育費は、かなりの額になります**。

しかも、子どもの人数によっては、住宅を抜いて教育費が人生の支出の1位になることもあるのです。

幼稚園・小学校・中学校・高校を公立に、大学を4年制の理系私立大学に下宿で行かせれば、教育費の合計は1人約1600万円。2人で3200万円かかります。もし全部私立なら、1人で約2800万円弱。2人なら……ですよね。

つまり、**教育費は、家庭によっては支出ランキング第1位になることが十分に考えられるくらいかかる**のです。

しかし、この教育費は、かなりのクセモノです。なぜなら、もし子どもが大学進学せずに、幼稚園から高校まで公立校に通ったら、約500万円ですむからです。大学進学するかしないか、私立に行かせるかどうかで随分と差が出てしまうのが、この教育費なのです。

だからと言って、簡単に減らせるかというと別問題ですよね。親として、子どもに「お金がないから大学には行くな」とはなかなか言えないものです。教育費に関しては、前もって覚悟をしておくことが必要でしょう。

子ども１人の教育にかかるお金

	国公立	私立
幼稚園	69万　300円	146万2281円
小学校	183万4842円	853万4142円
中学校	135万1020円	388万5468円
高校	115万9317円	290万　448円
大学	自宅 538万7000円 賃貸 839万6000円	自宅 文系…692万3000円 理系…822万2000円 賃貸 文系…975万1000円 理系…1075万2000円

ずっと国公立学校
＋自宅住まい
1人につき
約1280万円

ずっと私立学校
＋大学時代は理系・下宿
1人につき
約2500万円

（文部科学省調査より）

知らないとヤバイ
家庭のための
お金の話
5

★国際化の流れが影響

教育費は増えると思っておこう

今後世の中は、**教育費が増える方向に動いていく**のではないかと思っています。

たとえば社内公用語を英語にしようという動きがあります。今は国際的な大企業に限られた動きですが、10年・20年後には中小企業も導入していくことが予測されます。

つまり、私たちの子どもは、英語でコミュニケーションできる能力がないと就職先の選択の幅が狭くなるのです。

こうした動きから考えると、高校か大学の頃に数年留学するという流れが加速してくるでしょう。

そうすれば、**今の1・5倍**ぐらいの教育費を見込んでいても、そんなに大きく外れないのではないかと思うのです。

ですから覚悟を決めて、**今ある環境で支出を最小化して収入を最大限にして**子どもの教育費にお金を投入する必要があります。

また、学資保険については注意してください。

子どもの医療助成制度はある程度整っていますし、父親が生命保険に入っていれば仮に父親が死亡したとしても教育費は補填できます。

掛け金を下回るケースも結構ありますから、損をしないように慎重に保険の中身を確かめてください。

子どもをしっかり育てるために

これからは
やっぱり英語ね
子どもには
色々して
あげたい！
高校ぐらいで
留学させたいなぁ

しかし、けっこうな費用がかかる。
だから…

子どもに教育費をかけるという覚悟を決めて

収入を増やす　**支出を減らす**

今ある環境で、支出を最小化して収入を最大限にする！

学資保険にも要注意

Q.やっぱり入ったほうがいい？

子どもの
医療保険が
ついてるから

↓

子どもの医療助成制度は
ある程度整っている

俺が死んだら
教育費の援助が
もらえるから

↓

父親の生命保険で
リスクヘッジしてある

210万円払って、200万円の満期なんてケースが結構ある

A.得にならない学資保険に入らないように！

知らないとヤバイ家庭のためのお金の話 6

★買ったほうがいいとは言うけれど

住宅購入と賃貸、どっちが得？

日本人の大きな夢、マイホーム。実際のところ、どのくらいのお金がかかるのでしょう。

ほとんどの人は住宅ローンを利用して家を買います。よく「月々の家賃を払うぐらいなら、住宅ローンを払うほうがいい」という話を耳にしますが、本当にそうなのでしょうか？

４０００万円の借り入れをしてマイホームを建てた場合、35年間で支払う総額は、ローンの金利・修繕費・保証料などを含めると約６６５０万円。

その物件を14万円の賃料で借りていたとすれば、５８８０万円ですから、購入した家が35年後に７７０万円以上で売却できれば、購入したほうが賃貸よりもお得ということになります。

しかし、築35年の家が７７０万円で売却できるでしょうか？　なかなか難しいことがお分かりいただけると思います。

よく「マイホームは資産になるから」と言う住宅営業マンがいますが、それは大間違いです。

高額のローンを組んで買ったマンションが、老朽化のために半額以下でしか売れなかったり、ローンを払い終わったときには建物の耐用年数も残りわずか、というケースは少なくありません。

この国では住宅の資産価値は非常に低いのが現状なのです。

家を購入したときのお金の動き

【条件】
借入金額　4000万円
35年返済
金利　2.4％（35年固定）
ボーナス返済　なし

毎月の返済額　14万 863円
管理費　1万5000円
修繕積立金　8000円

35年で
5916万2207円
（利息…約1916万円）

＋

保証料＋団体信用生命保険料　約100万円
修繕費＋固定資産税　約630万円

35年で約6650万円

賃貸で毎月14万円の場合 =5880万円
35年後、770万円以上で売れれば
賃貸よりお得だけど…

知らないとヤバイ家庭のためのお金の話 7

★メリット・デメリットを越えて
家と人との付き合い方を考える

家族計画や収入予想など、さまざまな要素があるので、住宅購入と賃貸、どちらが優れているかは断言できません。

左ページでは、住宅購入のメリット・デメリットを記してあります。

「引っ越しがしにくい」「トータルでは割高かもしれない」などのデメリットはありますが、住宅の購入には、表面的な金額だけでは考えられない面もあります。

「なんの気兼ねもない自分の城を手に入れる」という、お金には換算できない**安心感**や**充実感**が得られるところです。

また、一般的に住宅ローンには、団体信用生命保険がついています。

これは、ローン返済中に返済人が亡くなった場合、残りの額を保険会社が払ってくれるという保険です。住宅ローンの契約を結んだ翌日に死んでも**残された家族に家が残る**のです。

賃貸の場合はそのまま家賃を払い続けなくてはいけないので、この2点についてはマイホームのほうが優れているのです。

住宅の購入は、お金の損得ではなく、**「家という消耗品といかに付き合っていくか」**というのがテーマとなるでしょう。

住宅購入のメリット・デメリット

sweet home
資産としての価値は低い
引っ越しがしにくい
固定資産税がかかる
トータルでは賃貸より割高かもしれない
修繕費が意外とかかる
でも…
ずっと夢見てた
俺
私たちの家だ！
もし俺が死んでもローンはなくなるし家は残る
家を使いやすくアレンジできる
家族用の賃貸物件が少ない
子どもや老人が増えても OK

知らないとヤバイ
家庭のためのお金の話
8

★自分に合うものを見極めよう

住宅ローンには4種類ある

結婚して夫婦2人しかいないときはあまり気づかないのですが、**子どもが1人2人と増えてくると、手ごろな賃貸物件があまりない**というのが現状です。

そのため、住宅を購入するパターンが多くなります。とすればやはり住宅ローンについてきちんとした知識を持っておく必要があります。

住宅ローンは現在5000~6000種類もあるため、すべてを検討して選ぶことはとても不可能です。では、どうやって探せばいいのでしょうか?

実は**住宅ローンは、左ページにある4つの種類に分けることができる**のです。この4つの特徴さえ理解してしまえば、自分に合ったローンを見極めることができるということです。

ポイントは、**「元利均等返済」と「元金均等返済」の違い**と、**「固定金利」と「変動金利」の違い**です。

たとえば、変動金利のほうが最初は金利が安いですが、突然金利が上昇するリスクがあります。固定金利の場合、割高の金利ではありますが、月々の返済額に変化がないので、将来の計画が立てやすくなります。

しかし、**どちらがお得かは、誰にも予測ができません**。どちらが得なのか損なのかは、将来の金利の動き次第なので、誰にも分からないのです。

住宅ローンの種類は４つ

	返済法（元利／元金）	
金利の種類（固定／変動）	変動金利・元利均等	変動金利・元金均等
	固定金利・元利均等	固定金利・元金均等

金利の種類

★固定期間が短い→金利は安い

★固定期間が長い→金利は高い

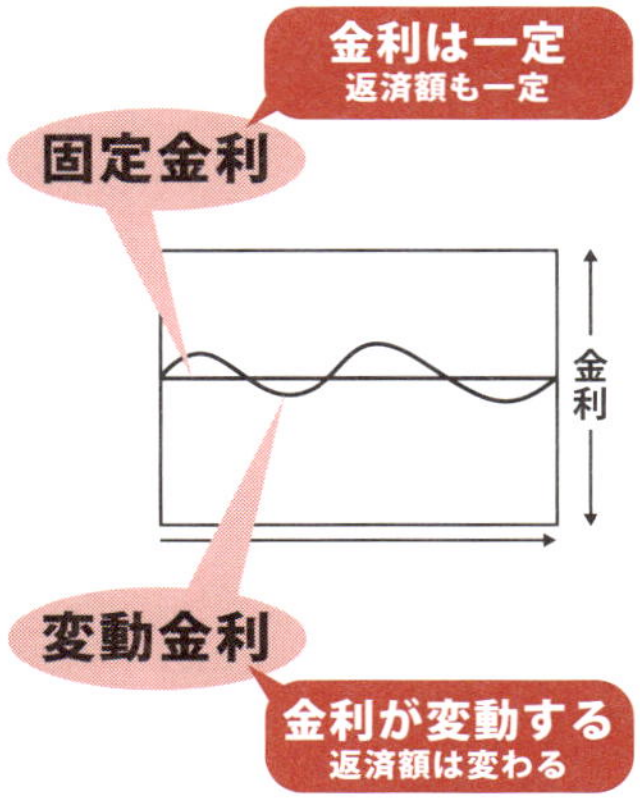
固定金利
金利は一定
返済額も一定
金利
変動金利
金利が変動する
返済額は変わる

返済法

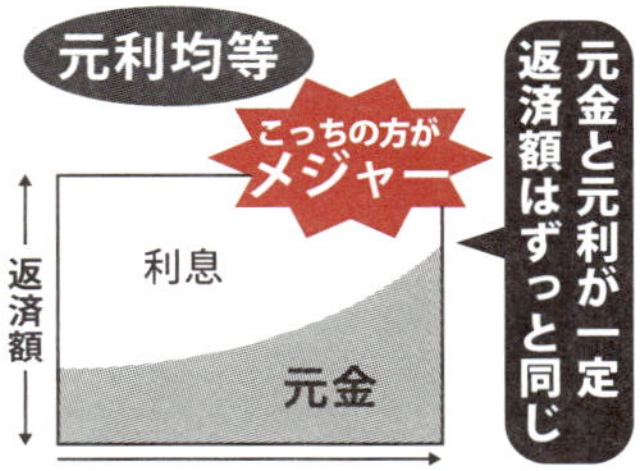
元利均等
こっちの方がメジャー
返済額
利息
元金
元金と元利が一定
返済額はずっと同じ

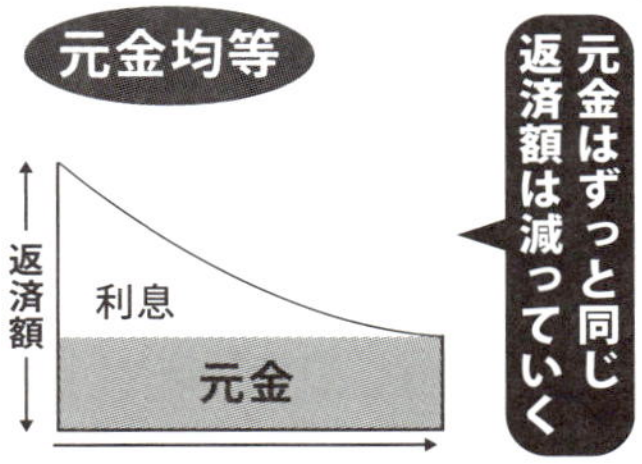
元金均等
返済額
利息
元金
元金はずっと同じ
返済額は減っていく

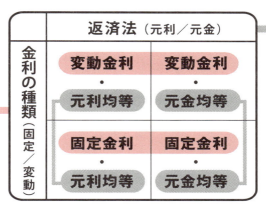

知らないとヤバイ
家庭のためのお金の話
9

★頑張りすぎると地獄をみる

ローンを選ぶときの重要ポイント

住宅ローンの相談の際、「いったい、今の自分はいくら借りることができるのか？」という質問を受けることが非常に多いのですが、考えなければいけないのは、**「いくら借りられるか」**より**「いくらなら返していけるか」**です。

簡単に言うと、最低限年収の15％を貯蓄にまわせるように住宅ローンを組むことが大事です。

年収400万円の家庭なら確実に、年60万円の貯蓄が残せるようにすることです。

「なーんだ、15％か」と思うかもしれません。しかし、住宅ローンは最長で35年も支払い続ける、長い付き合いの金融商品です。その間にどんなことが起こるか分かりません。

5年、10年といった期間ではなく、将来にわたって起こりうる「ひょっとしたら会社が倒産するかもしれない」「突然病気になるかもしれない」といったリスクを想定しておくことが必要です。

最近、**「住宅ローン難民」**が増えています。住宅ローンが返済できなくなり、ローンの肩代わりとして住宅が差し押さえられてしまうのです。

しかも**住宅はリスク資産**です。売りたいと思ったときに売れるものではありません。

見通しを甘く考えず、厳しい予測をしてローンの計画を立てるようにしてください。

毎月の返済額はどうやって決める？
俺の実力なら
毎月15万円の返済も
できるはず！
銀行は5000万円
貸せるって
言ってる！
でも…
突然
事故に
あうかも
突然
病気に
なるかも
ローン
返済は
長期間
リストラ
される
かも
会社が
倒産
するかも
不確定要素は多い
私も仕事
したいけど
子どもがいると…
子どもの教育費は
ちゃんと
かけてあげたい…
その間、確実に家族を守れるか？
無理しない方がいいか
いくらなら
借りられるか
いくらなら
返していけるか
【著者のオススメ】
最低限年収の15%を貯蓄にまわせるように
住宅ローンを組む

知らないとヤバイ
家庭のためのお金の話
10

★いつかは必ず来るその日

介護にかかるお金と時間

もし今、両親が要介護状態になったらどうなるでしょうか？　もちろんほったらかしにはできません。**家で介護する**か、**施設に預ける**。この2つの選択肢しかありません。

家で介護しようと思えば、人手がかかります。ホームヘルパーのサービスを利用したとしても、多くの時間を介護に費やさなければなりません。

施設に預ける場合はどうでしょう。これがなかなか受け入れ施設が見つからないのが現状です。

私のところに相談にみえる方の中でも、両親の介護のために転職した人や、奥さんが仕事をやめた方がいます。

いずれにしても当然費用がかかりますが、介護の特徴はそれだけではありません。**期間が長い**ことがあげられます。生命保険文化センターの調査では、介護期間の平均は56・5ヵ月（約4年8ヵ月）にもなり、**その期間は年々延びていく傾向にあります**。

それもそのはず、この調査には、現在介護中の人の答えも入っているため、介護されている方が亡くならない限り、その年数は増えていくのです。

この問題は突然やってくることもあるために、「お金がついていかない」なんてこともしばしば起こります。遠い将来のことと思わず、今から正しい情報を知っておく必要があります。

老人介護の現実

要介護状態となった場合の必要資金（月々）

平均：7.7 万円

※過去３年間の介護経験による介護費用（月額）

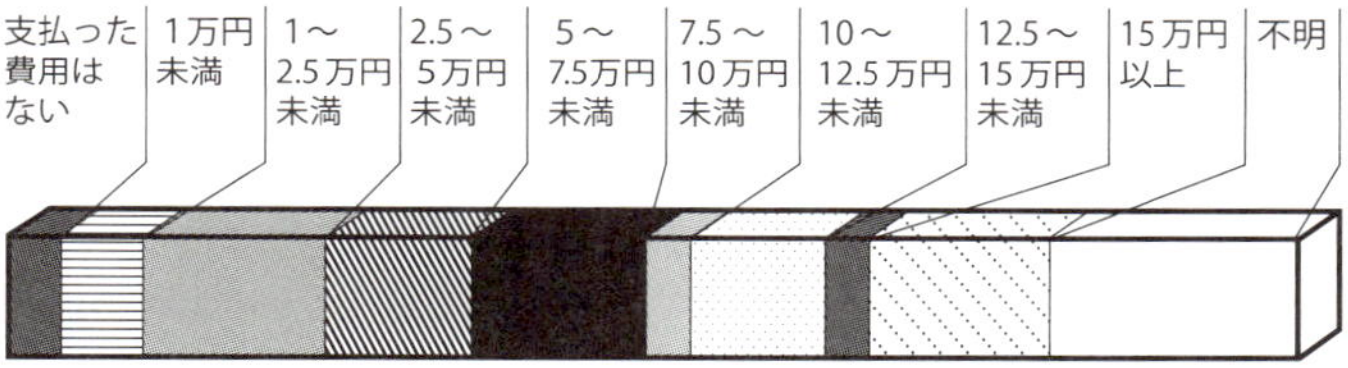

支払った費用はない
1万円未満
1～2.5万円未満
2.5～5万円未満
5～7.5万円未満
7.5～10万円未満
10～12.5万円未満
12.5～15万円未満
15万円以上
不明

介護期間

平均：56.5ヵ月

この間はパートもできないかも

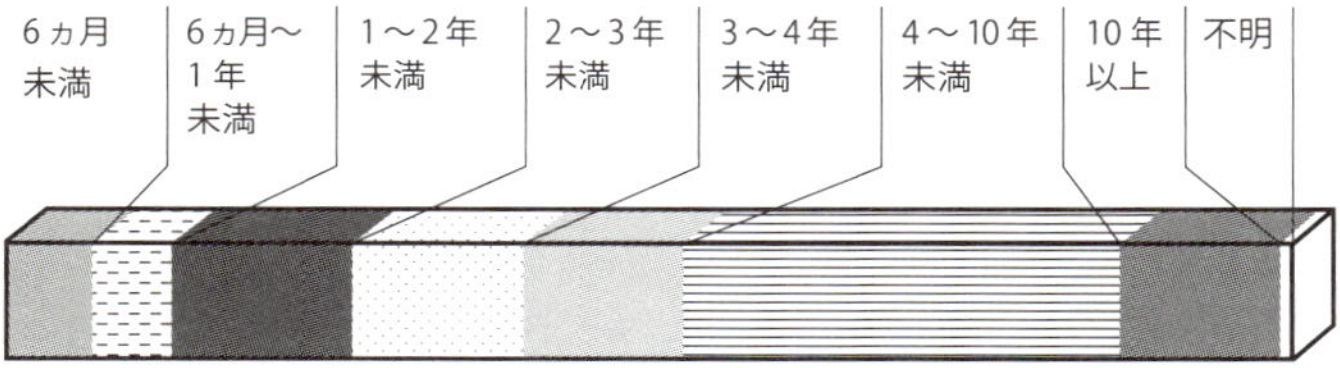

6ヵ月未満
6ヵ月～1年未満
1～2年未満
2～3年未満
3～4年未満
4～10年未満
10年以上
不明

※生命保険文化センター「生命保険に関する全国実態調査」（平成24年度）「過去３年間の介護経験」をもとに作成

特別養護老人ホームを利用しようと思っても…

入所を希望している待機者…　全国で52万4000人
そのうち在宅で待機している人…　26万人

（平成26年3月時点）

すぐには入れない

知らないとヤバイ
家庭のための
お金の話
11

★頼りになるけど万能ではない

介護保険はすべてをカバーできない

「介護にお金がかかるといっても『介護保険』というものもあるではないか？」という方もいらっしゃると思います。

介護保険とは、40歳から64歳までの「第2号被保険者」と、65歳以上の「第1号被保険者」が受けることのできる制度です。

第2号被保険者は、法律の定める特定疾患を患った場合に対象になります。言い方を変えれば、特殊な場合しか対象にはなりません。

第1号被保険者は、一般的には65歳以上で、介護が必要となる場合に対象となるわけですが、その内容も**「要支援」**と**「要介護」**で分けられ、受けられるサービスが異なってきます。

介護保険は通常受けたサービスの9割を国が負担。1割は自己負担となっていますが、あくまでもランクに応じて必要と認定されたサービスに限っています。つまり、**認定されていないサービスについては、全額自己負担となってしまう**のです。

たとえば「要介護5」と認定されれば、週5回の訪問介護を受けられますが、「要介護1」の場合は、週2～3回のサービスしか受けられません。それ以上受けたい場合は全額自己負担になります。

実際には、介護保険で受けられる1割負担以外に相当な費用がかかるというのが実情です。

介護保険のしくみ

【基本】

受けたサービスの９割を国が負担・１割が自己負担

65歳以上	40 ～ 64 歳
第１号被保険者	**第２号被保険者**
	法律の定める特定疾病を患った場合

支給限度額

要支援

要支援１	5万30円	週２～３回のサービス
要支援２	10万4730円	週３～４回のサービス

要介護

要介護１	16万6920円	１日１回程度のサービス
要介護２	19万6160円	１日１～２回程度のサービス
要介護３	26万9310円	１日２回程度のサービス
要介護４	30万8060円	１日２～３回程度のサービス
要介護５	36万650円	１日３～４回程度のサービス

（平成27年５月現在）

利用できるサービス

- 訪問介護
- 訪問看護
- 通所系サービス
- 夜間の巡回型訪問介護
- 短期入所
- 福祉用具貸与（車イスなど）等

認定されていないサービスは全額自己負担（施設介護の場合も同じ）

実際には介護保険のサービス以外に相当な費用がかかる

知らないとヤバイ
家庭のためのお金の話
12

★本番の日は突然来る

お葬式にかかるお金

介護の期間が終わると、次にくるのはお葬式です。

最近は、一昔前のような、自宅でのお葬式は見かけなくなりました。公共の斎場の充実や、葬儀業者が運営する葬儀式場などの、葬儀専用の式場でのお葬式が増えてきたからだと考えられています。

しかしその分、**かかる費用は、自宅で行っていた場合に比べて増えてきています**。

しかも、人が亡くなったときにかかるのは、お葬式の費用だけではありません。家のお墓がない場合は、**墓地**の購入から**墓石**のお金までかかってきます。

人が亡くなった場合の費用は、お墓を持っていない場合、左の図のように合わせて約４６５万円もの費用がかかるということになります。

それ以外に、たとえば**仏壇**、**法要法事の費用**なども必要です。

もちろん、葬儀の参列者からいただける**香典**もありますから、４６５万円全部が自己負担になるわけではありません。ですが、香典の多くは通夜の振る舞い（食事）や香典返しなどでなくなってしまいます。あまり大きくはアテにしないほうがいいでしょう。

人が死んだときにかかるお金

【葬儀費用】

通夜からの飲食接待費	33.9万円
寺院の費用（お経・戒名・お布施）	44.6万円
葬儀一式費用	122.2万円
葬儀費用合計額	188.9万円

※各項目の金額は平均額で、これらの合計と葬儀費用の合計とは一致しない
※財団法人日本消費者協会「第10回葬儀についてのアンケート調査」（平成26年）の全国平均値

＋

【お墓の関連費用】

墓地使用料（貸付のみ）4平方メートル	112.4万円
墓石代	163.7万円
お墓関連費用合計	276.1万円
年間管理費	3240円

※墓地使用料・年間管理料は都立八王子霊園（平成27年度公募）の例
※墓石代は一般社団法人・全国優良石材店の会「お墓購入者全国アンケート調査」（平成26年）の全国平均値

＝

総額約465万円（＋仏壇・法要法事）

知らないとヤバイ
家庭のための
お金の話
13

★避けては通れない問題

話しづらくても語り合っておこう

現代では、両親は自分たちの老後の生活に手一杯です。配偶者の介護なども加わり、金銭的にも、亡くなった後のことまで気が回っていない場合もあります。

日本では、お葬式の話題を口にするのをどこか「縁起が悪い」と避けてしまいがちですが、避けては通れない問題です。

「親がお金を残してくれているだろう」と勝手に思い込まずに、**きちんと話し合っておく必要があります**。

蓄えが実際にいくらあるのか、そしてたとえば父親が亡くなったとして、残された母親はどのように生きていくのか、不動産はどうするのか、など確かめておかなければならないことは少なくありません。

また、問題になるのはお葬式にかかるお金ばかりではありません。

一昔前の状況と違い、今は親子が同居していないケースが増えてきました。**お葬式の風習**や**墓地の場所**などを意外と知らされていない場合が多く、突然の不幸に右往左往することがあります。

いつまでも両親が健在だとは思わずに、大人と大人の会話で本音を語り合っておく必要があるのです。

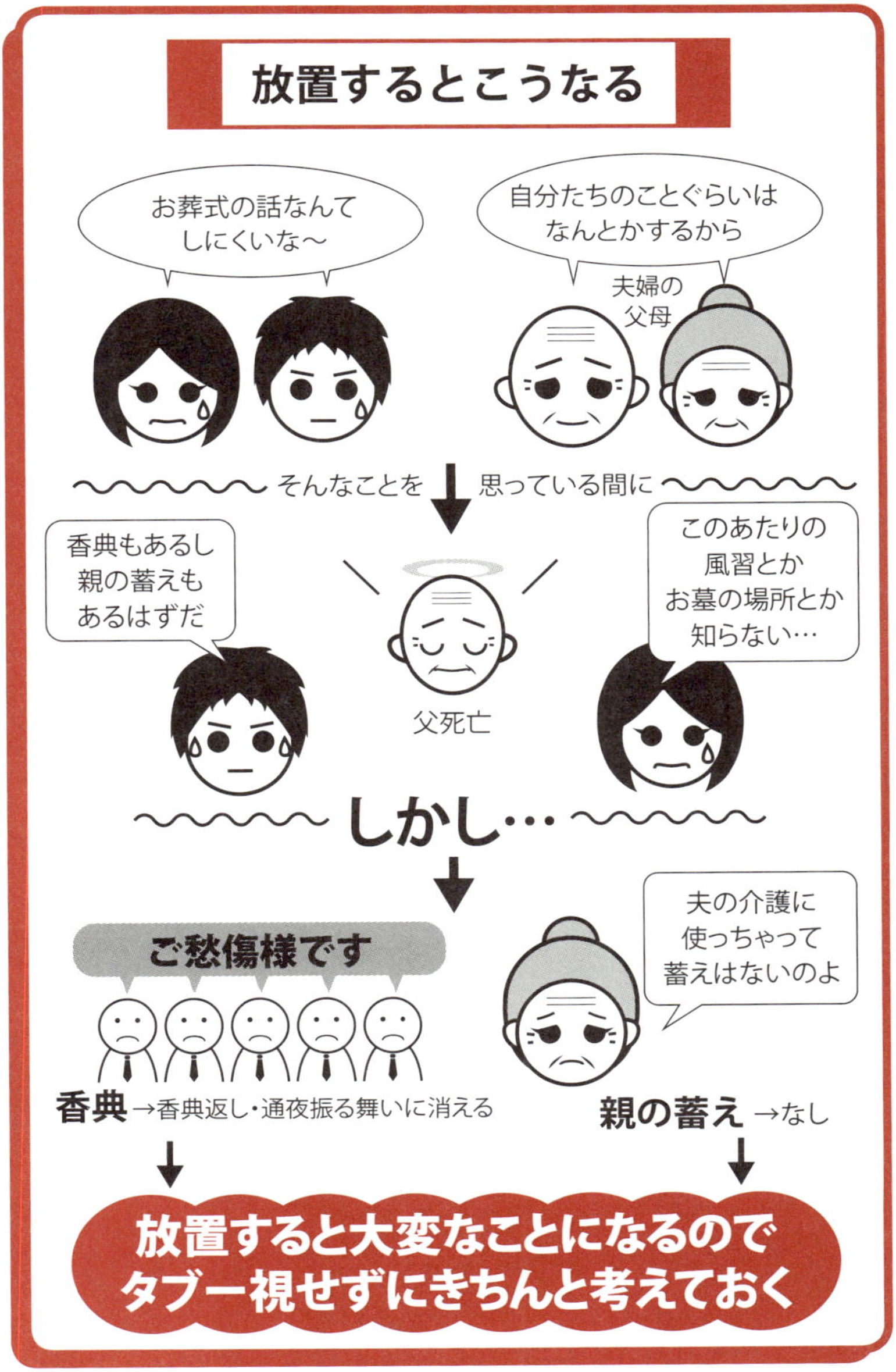
放置するとこうなる
お葬式の話なんて
しにくいな～
自分たちのことぐらいは
なんとかするから
夫婦の
父母
そんなことを　思っている間に
香典もあるし
親の蓄えも
あるはずだ
父死亡
このあたりの
風習とか
お墓の場所とか
知らない…
しかし…
ご愁傷様です
夫の介護に
使っちゃって
蓄えはないのよ
香典 →香典返し・通夜振る舞いに消える
親の蓄え →なし
放置すると大変なことになるので
タブー視せずにきちんと考えておく

知らないとヤバイ
家庭のための
お金の話
14

★残されたものにかかる税金

相続税を払う人は少数派

お葬式の話題が出たところで、話しておかなくてはいけない深いテーマがあります。それは、**相続**についてです。

タブー視されてしまいがちですが、かなり重要な話であることは言うまでもありません。「ドラマの中のこと」とは思わず、正確な知識をつける必要があるのです。

相続の問題は、大きく「遺産をどのように相続するか」、つまり**遺産相続**と、「相続時に発生する税金」、つまり**相続税**の2つに分けることができます。

財務省の資料によると、平成24年は相続税の1人あたりの納税額の平均はなんと約2367万円。

といっても、相続税を支払わなくてはいけないケースは全体の4・2％でしかありません。

これは、相続税は**「基礎控除」**がとても大きいからなのですが、平成27年からこの控除額が、今までの3分の2になってしまいました。これにより相続税を支払うケースが6％程度に増加すると言われています。

「それでも6％か」と思わないでください。**財産には不動産（土地・建物）も含まれる**ので、土地等の値段によっては安心できない場合もあります。土地を売って払わなければならないケースもあるため、事前によく話し合っておく必要があります。

大事なのはお葬式の後

相続に関する２つの問題

財産の有無に関わらず、人が亡くなれば必ず相続は発生する

相続時に発生する
税金
相続税

遺産をどのように
相続するか
遺産相続

相続税を支払わなくてはいけないケースは
全体の約６％

相続税の基礎控除（税金のかかる財産から差し引ける金額）
↓
3000万円＋（法定相続人×600万円）

【例】４人家族（父・母・自分・弟）の場合

父が亡くなった場合
法定相続人は３人　→

3000万円＋（3人×600万円）＝4800万円
が、相続税のかかる財産から差し引ける

かなりの財産がなければ相続税はかからない

数少ない人が高額の相続税を支払っている

被相続人１人あたり金額…約2367万円
合計額に対する納付税額の割合…11.6％
相続税の課税があった被相続人の割合…4.2％

知らないとヤバイ
家庭のためのお金の話
15

★「自分は無縁」と思ったら大間違い

遺産がなくても相続はもめる

亡くなった人がいる以上、残された財産は誰かが相続しなくてはいけません。

この話をすると、「我が家は、そんなに財産がないからもめることはありませんよ」という人がいるのですが、そんなことはありません。**お金がなくても、いや分ける財産が少ないほど、相続はもめるケースが多いのです。**

近年、テレビで法律番組が流行したこともあって、兄弟に平等の相続権利があることを多くの人が知るようになりました。

昔は家を継いでいく人が財産を相続していくことが通例だったのですが、時代の変化にともなって相続で争うケースが増えてきました。

また法定相続人の範囲は意外に広く、これまでまったく関わりがないと思っていた親族が突然現れ、揉め事の種になるということも起こっています。

身内同士が争うことはあまり気持ちのいいものではありませんが、身内だからこそ、争いだすと引くに引けないということもあるのでしょう。

争いを回避する手段として**遺言書**を書くことも最近では多いですし、非常に有効な手段ではありますが、それ以上に、**家族の将来について話し合っておく**ことが一番必要なのです。

相続はもめるケースが多い

法定相続人の範囲は広い

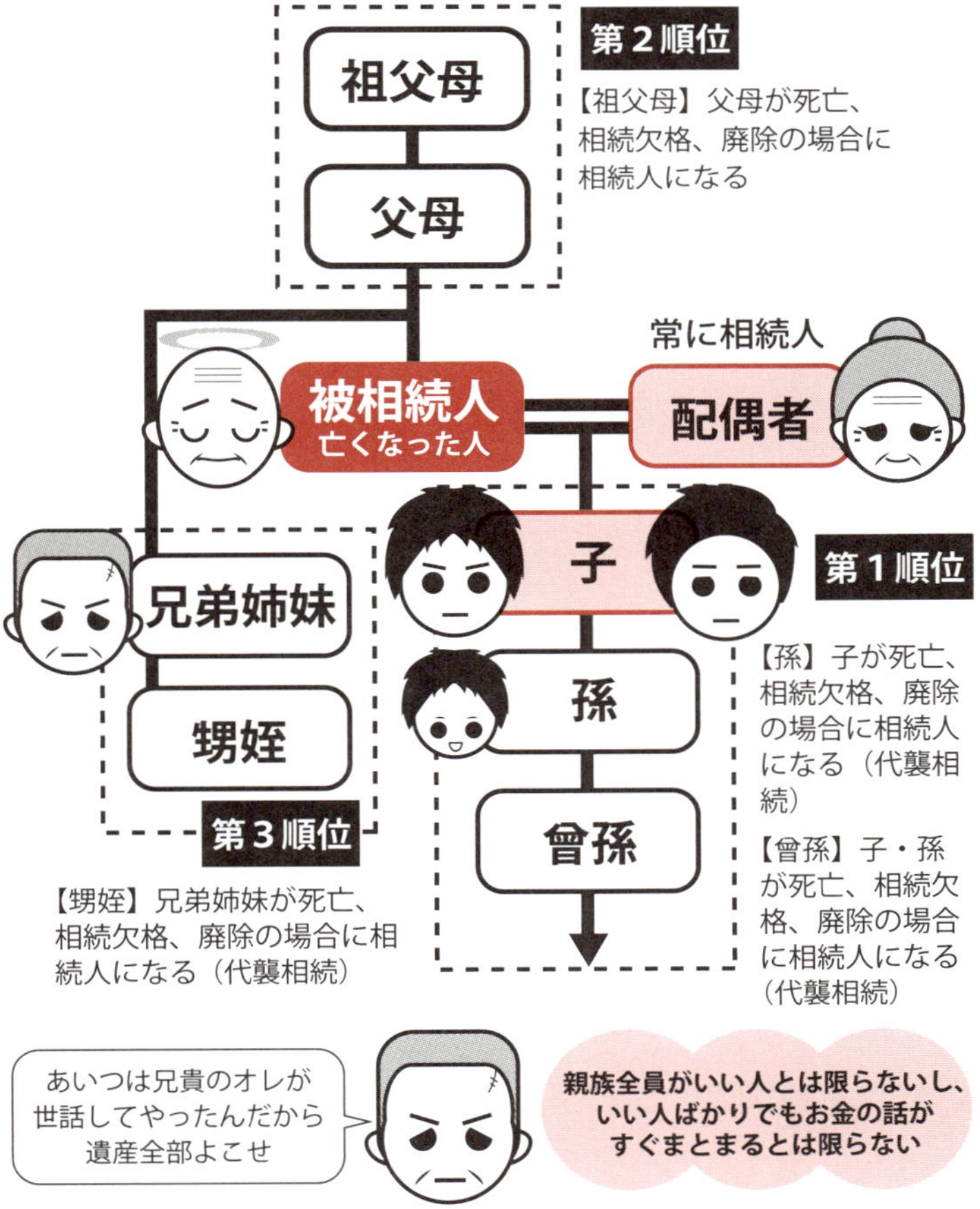
祖父母
父母
第２順位
【祖父母】父母が死亡、相続欠格、廃除の場合に相続人になる
常に相続人
被相続人
亡くなった人
配偶者
子
第１順位
孫
曾孫
【孫】子が死亡、相続欠格、廃除の場合に相続人になる（代襲相続）
【曾孫】子・孫が死亡、相続欠格、廃除の場合に相続人になる（代襲相続）
兄弟姉妹
甥姪
第３順位
【甥姪】兄弟姉妹が死亡、相続欠格、廃除の場合に相続人になる（代襲相続）
あいつは兄貴のオレが
世話してやったんだから
遺産全部よこせ
親族全員がいい人とは限らないし、
いい人ばかりでもお金の話が
すぐまとまるとは限らない

遺書などの有効な手段を準備するのも大事だが
事前に話し合っておくことが一番大事

知らないとヤバイ家庭のためのお金の話 16

★もうけたいけどちょっとこわい

投資はしたほうがいいの？

「資産運用はしたほうがいいですか？」という質問が最近増えてきました。

どちらかと言えば、〝積極的にお金を増やしたい〟というより、〝資産運用しないで、自分だけ損をするのは嫌だ〟というニュアンスのほうが強いようです。

それだけ、資産運用という言葉が一般化したということでしょう。

その理由のひとつは、どうやら銀行・郵便局（ゆうちょ銀行）などが、100万円や200万円というまとまった預金がある客に対して、定期預金よりも投資信託を勧めることのようです。

しかし、**本当に資産運用をしたほうがいいのでしょうか？** 問題はこの部分なのです。

どうも日本人には、〝銀行が勧めるものは大丈夫〟という思い込みがあるようです。

しかし、そんなことはまったくありません。**銀行はしょせん、保険会社や証券会社の代理店をしているに過ぎない**のです。

販売手数料を稼ぐために勧めているのであって、なにも皆さんの幸せを考えているわけではないことをよく理解しましょう。

資産運用をするのなら、みずから勉強して判断することが重要です。

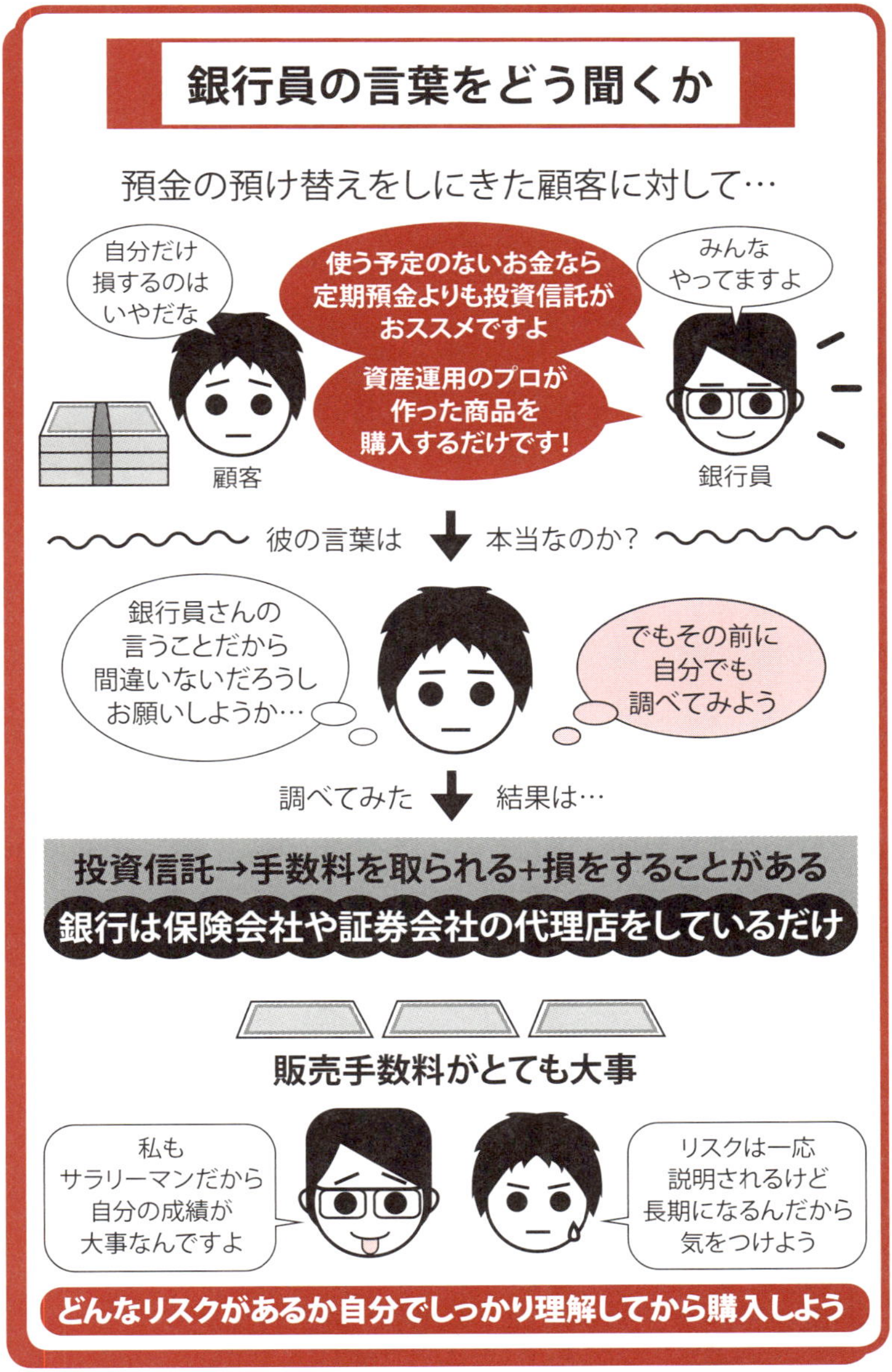
銀行員の言葉をどう聞くか
預金の預け替えをしにきた顧客に対して…
自分だけ損するのはいやだな
使う予定のないお金なら定期預金よりも投資信託がおススメですよ
資産運用のプロが作った商品を購入するだけです！
みんなやってますよ
顧客
銀行員
彼の言葉は
本当なのか？
銀行員さんの言うことだから間違いないだろうしお願いしようか…
でもその前に自分でも調べてみよう
調べてみた
結果は…
投資信託→手数料を取られる+損をすることがある
銀行は保険会社や証券会社の代理店をしているだけ
販売手数料がとても大事
私もサラリーマンだから自分の成績が大事なんですよ
リスクは一応説明されるけど長期になるんだから気をつけよう
どんなリスクがあるか自分でしっかり理解してから購入しよう

知らないとヤバイ
家庭のためのお金の話
17

★プロでさえ難しい世界

いろんな運用のしかたがある

資産運用と一言でいっても、株式投資もあれば、不動産（土地やマンション）投資など、色々な方法があります。

代表的な資産運用について、特徴やメリット・デメリットを左図にまとめたので参考にしてください。

しかし、この中からひとつだけを選ぶ必要はありません。運用の基本は**分散投資**です。色々な投資の本を読んでも、これは明白です。

では、どんなふうに分散すればいいのか？

このことについて、参考になりそうなお話をご紹介します。

世の中には、様々な商品があります。そのひとつが投資信託です。プロが、投資にふさわしい株や債券を選りすぐって組み合わせたのが投資信託ですが、実はこれについてはある程度結論が出ています。

それは、**〝どんな優秀なファンドマネージャーがつくった商品も、市場の平均に勝つことは難しい〟**ということです。結局は、市場に出ている全銘柄を少しずつ全部買って出たときの利益を越すことはできないのです。

プロでさえ、利益を出すことは簡単ではないということを念頭に投資に臨みましょう。

いろいろな投資法

投資信託

みんなが持ち寄ったお金を使い
プロが分散投資をする

デメリット
●運用手数料や信託報酬がかかる

メリット
●数万円から始められ、購入の窓口が多い

POINT 手数料がポイント

株式投資

上場企業が発行している株式を
市場で取引する

デメリット
●取引金額単位が高く、リスク分散が必要

メリット
●取引が簡単
●株価がリアルタイムでわかる

POINT 浮き沈みが激しい

FX

外国通貨を「証拠金取引」で
売買して利益を出す

デメリット
●失敗した時の傷がとても深い

メリット
●手持ちの額の何十倍もの取引ができる

POINT 損得の幅が大きい

国債

国が発行する債券を購入し
利息をつけて返してもらう

デメリット
●リターンが少なく、換金に制限がある

メリット
●元本が国家に保証されているので安全

POINT 安全でもうからない

不動産

土地の売買や、賃貸の家賃で
利益を得る

デメリット
●取引の単価がとても高い
●税金等がかかる

メリット
●貸し出せば毎月家賃収入が入ってくる

POINT 堅実だけど難しい

商品先物取引

金や大豆・原油などの商品に
先物の形で投資する

デメリット
●失敗したときの損失が巨大になる

メリット
●値上がりした時の利益は大きい

POINT ほとんどギャンブル

知らないとヤバイ
家庭のための
お金の話
18

★投資をするなら覚悟が必要

「リスク」はどんな運用法にもある

資産運用を考えるときに覚えておいてほしいのが、**「リスク」**というものについてです。

多くの人は「リスク」という言葉を聞くと、「損をすること」と考えるのではないでしょうか？

しかし、資産運用の世界でいう「リスク」は、そういう意味ではありません。**価格やパフォーマンスのバラツキ**のことをいいます。予想より運用成績が悪いのはもちろんいけませんが、予想より良すぎても、バラツキが大きいということで、「リスクが高い」ということになってしまうのです。

たとえば左のページにあるように、りんごの収穫数が「50個」の年も「5個」の年もあるということになると、リスクが高いということになります。それに対して、「50個」収穫できる年はないものの、コンスタントに「35個」を収穫できるほうがリスクが小さいということになります。

こういう話をすると、「それじゃあ、リスクが少ないほうがいいのですか？」と聞きたくなる人もいると思いますが、そんな単純なものではありません。結論から言えば、**「どんな方法をとっても必ずリスクがある」**「これが絶対に一番という方法はない」というのが資産運用の基本です。

だから大切なのは、**「どの運用方法はどんなリスクがあるのか？」を正しく理解すること**です。

リスクってなに？

資産運用の世界でいう「リスク」は、価格やパフォーマンスのバラツキのこと

1 年に最低30個収穫できないと
元本割れになってしまう
りんごの木に
投資してみる

A

B

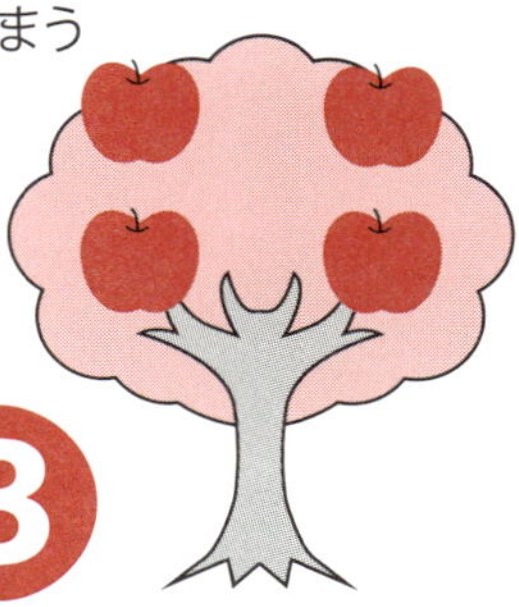

今年は50個収穫できた

今年は35個収穫できた

A とB、どちらがリスクが高い？

↓

1年間の実績を見ただけではわからない

A	1 年前50個 2 年前35個 3 年前 5 個 4 年前35個
B	1 年前35個 2 年前35個 3 年前35個 4 年前35個

↓

B のほうがリスクが小さい

予想より運用成績が悪くても良すぎても
バラツキが大きいということでリスクが高いということになる

投資の世界の「リスク」を正しく理解しよう

知らないとヤバイ
家庭のためのお金の話
19

★これは絶対知っておきたい
複利のパワーはとても強い

ここで資産運用と切っても切り離せない、大事な話をしなくてはいけません。

それが、**複利のパワー**です。

「数学の歴史上、最大の発見は何か。それは複利だ」――アインシュタインがこんなふうに言うほど、この複利のパワーは、運用にあたって重要なものなのです。

たとえば、毎月５万円を25年間、タンス貯金したとしましょう。金利はゼロなので、25年で貯まる金額は、１５００万円です。

しかし、もしこの毎月５万円を５％の運用で積立をしていくとすると、なんと25年間で約３０００万円になります。

そうこれが、複利のパワーなのです。

複利のパワーは運用年数が長ければ長いほど発揮されます。

もし先ほどと同じ５％の運用で、30年間で３０００万円貯めようと思うなら、毎月約３万５０００円の積み立てでいいのです。

左ページの図は、お金を複利で運用した場合の動きです。どうしてこうなるかというと、そう、**再投資は複利で運用したことになる**からなのです。効果的に資産運用をするならば、複利を意識した投資方法を考えるとよいでしょう。

複利は超強力

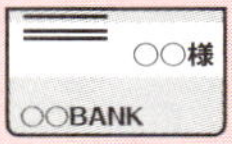
〇〇様
〇〇BANK

毎月５万円を
複利で積み立てる
金利…５％

25年で約3000万円

毎月５万円を
タンス貯金する
金利…ゼロ

25年で1500万円

100万円を年利10%で運用した場合の変化

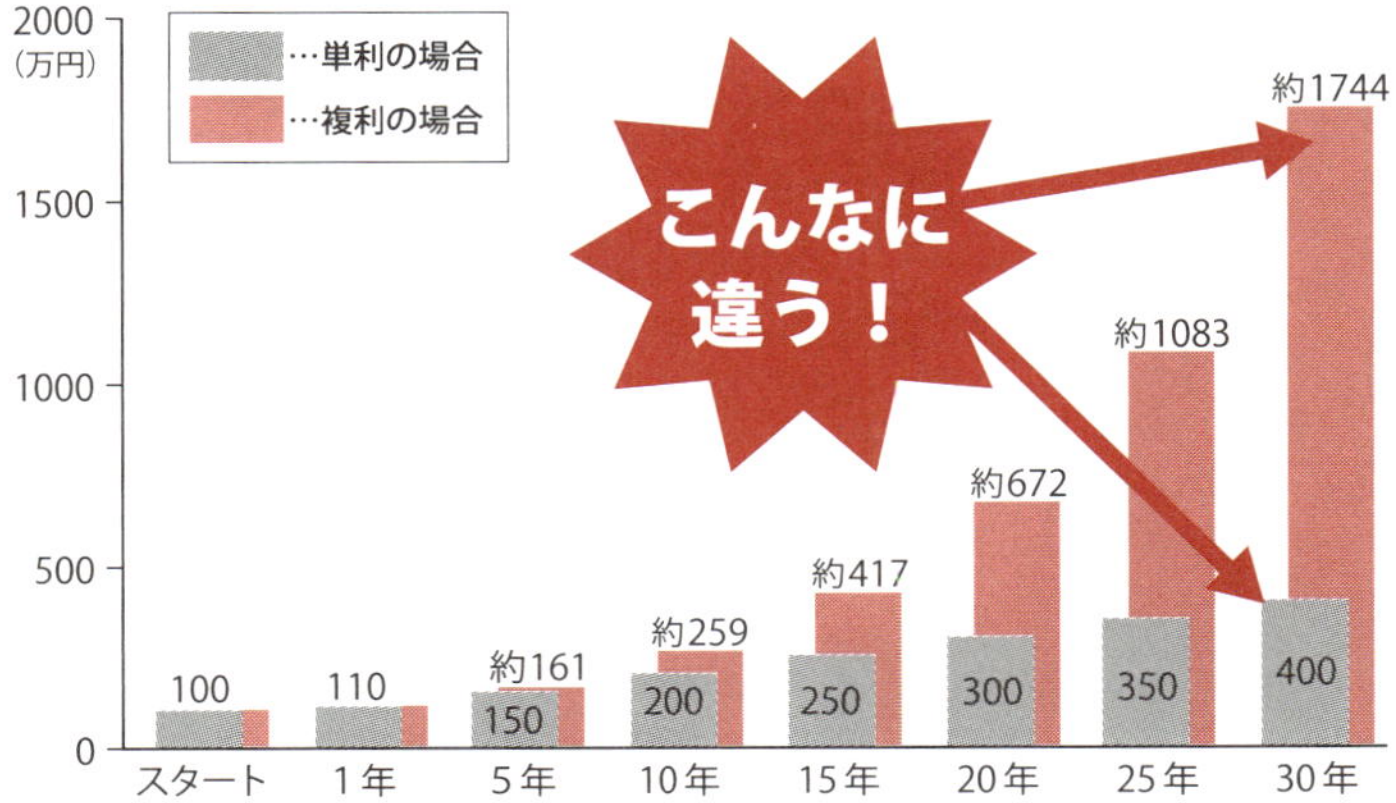
2000
(万円)
1500
1000
500
0
…単利の場合
…複利の場合
こんなに
違う！
100
110
150
約161
200
約259
250
約417
300
約672
350
約1083
400
約1744
スタート
1年
5年
10年
15年
20年
25年
30年

逆算してみると、
もし５％の運用で
30年間で3000万円
貯めようと思うなら

毎月
約３万5000円の
積み立てでいいのか！

運用年数が長ければ長いほど
効率的に増やしていくことができる！

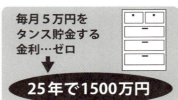

●ミニ図解●

宝くじは当たる？

夢の3億円!?

●ある宝くじの発売概要●

発売金額…390億円

当選金額の合計…約183億円

配当率47％

競馬などの公営ギャンブルの配当率は約75％

↓

宝くじは
効率の悪いギャンブル

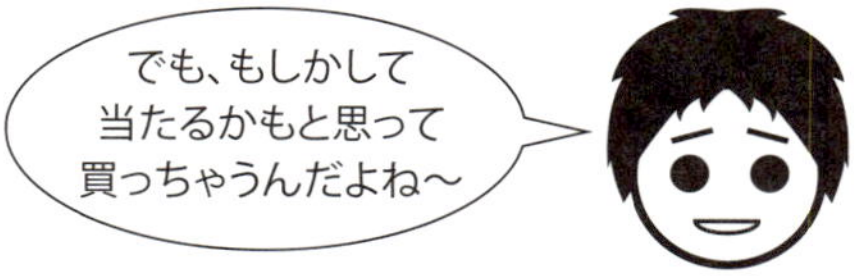
でも、もしかして
当たるかもと思って
買っちゃうんだよね～

【結論】

人間は、お金のことになると、どうしても正常な思考で判断できなくなってしまう

★だからこそ、お金の世界では、いかに現実的な思考ができるかが大事なポイントになると思います。夢も希望もない話かも知れませんが、それが真実なのです。

3章

知らないとヤバイ税金の話

知らないとヤバイ税金の話 1

★逃げられないからこそ知っておきたい

ずっと払い続けるお金・税金

ここまで、保険・住宅・教育・相続など、人生に重要な関わりのあるお金の話を見てきました。いままで関係ないと思っていた法律や社会制度が思った以上に自分と関わっていることに気付いた人も多いのではないでしょうか。個人と国とは、切っても切り離せないものです。

そしてそれは「税金」も同じことです。「税金」と聞いて良いイメージを持つ人はあまりいませんよね。なぜか私たちの頭の中では、「税金＝払いたくない」という方程式が浮かびます。

しかし、一方で「税金＝**大人への第一歩**」と考えることもできませんか？　社会人になって、初めてもらった給与明細の「税金」の欄。税金が引かれているのを確認して、「俺も社会人になったんだ」と実感したことはありませんか？

車を買えば、重量税や自動車税。家を買えば、不動産取得税に固定資産税。

こう考えると、**私たちが社会人として一人前になっていく道のりの中で、必ず節目・節目に「税金」と出会っていくようになっている**のです。

しかし、私たちは怖ろしいほど、税金について何も知りません。だから、たまに税金を払いすぎていることもあるのです。この章では一生付き合っていく税金について見ていきましょう。

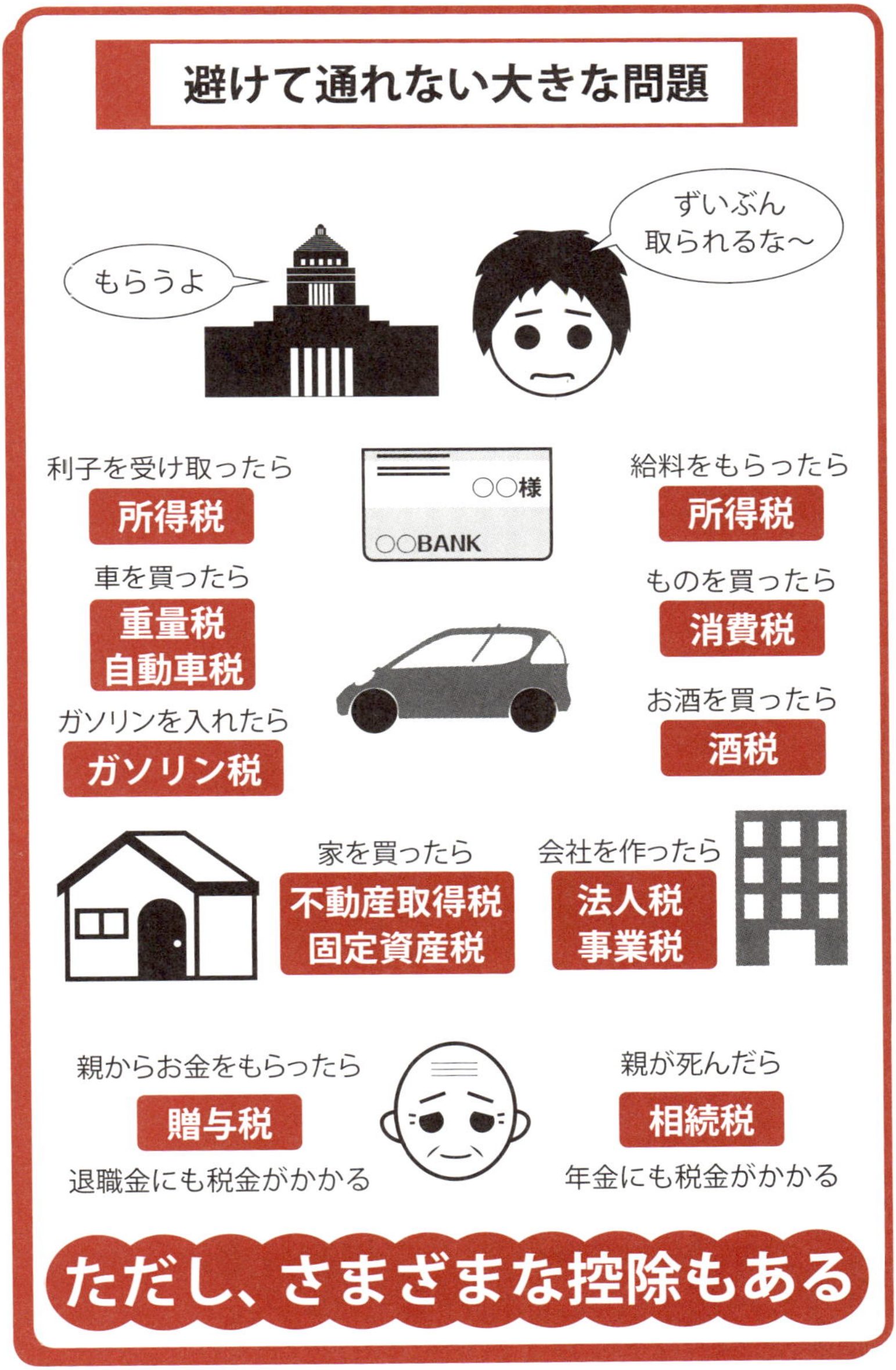
避けて通れない大きな問題
もらうよ
ずいぶん
取られるな〜
利子を受け取ったら
所得税
○○様
○○BANK
給料をもらったら
所得税
車を買ったら
重量税
自動車税
ものを買ったら
消費税
ガソリンを入れたら
ガソリン税
お酒を買ったら
酒税
家を買ったら
不動産取得税
固定資産税
会社を作ったら
法人税
事業税
親からお金をもらったら
贈与税
退職金にも税金がかかる
親が死んだら
相続税
年金にも税金がかかる
ただし、さまざまな控除もある

知らないとヤバイ税金の話 2

★働き方によって違ってくる

税金の払い方は2通りある

我々にとってもっとも重要なのは、所得税です。

所得税は、その名前の通り**所得にかかる税金**です。所得とは収入から経費を引いた残りのことです。

しかし、自営業の人なら「売上から経費を引いた残りが所得」と分かりますが、サラリーマンの「所得」ってなんでしょう。

実は、自営業の人とサラリーマンでは決定的な違いがあります。それは**税金の払い方**です。

自営業者は、1年に1度、みずから税金を納めますが、サラリーマンは会社から支払われる毎月のお給料から、自動的に税金が差し引かれています。つまり、あなたのかわりに、会社が税金の徴収を代行しているのです。

これを**「源泉徴収」**と呼んでいます。1年間の金額等を証明したものを「源泉徴収票」といって、年末もしくは年明けに会社からもらいます。

つまり、**サラリーマンは年金にしろ税金にしろ、自動的に会社が計算してくれる**ということです。

これは、国としては確実に徴収できる効率的な方法なんでしょうが、一方で税金のことを考える機会をなくしてしまう原因にもなっています。

だからこそ、一度ぐらいは税金の仕組みを考えてみるのもいいのではないでしょうか。

税金の徴収方法

収入－経費＝所得

一定期間に、個人・企業などの経済主体が勤労・事業・資産などによって得た収入から、それを得るのに要した経費を差し引いた残りの額（広辞苑）

税金はここにかけられる

徴収方法は２通り

自営業者

自分で**確定申告**をして支払う

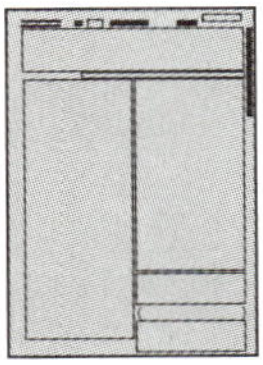

面倒だけど経費の分は自分で引けるからその分安くできる

サラリーマン

会社が**源泉徴収**してくれる

年金も税金も会社が計算してくれるからラクだ

実は税金を払いすぎていることもある

あれ、じゃあサラリーマンには経費はないってこと？

※詳しくは次ページ参照

知らないとヤバイ
税金の話
3

★サラリーマンの税金は前払い

年末調整で税金は返ってくる

「年末調整」という言葉を聞いたことがある人は、多いでしょう。これはサラリーマンの方限定の言葉です。

所得税は、原則1月1日から12月31日の1年間に発生した所得を計算して納めるものです。だから、本来は年の途中で税金を計算することはできません。

しかし、サラリーマンは毎月のお給料から税金を払っています。これはどういうことか？

実は、**毎月のお給料から払っている税金は、仮に計算された税金であって、本当の金額ではない**のです。

これが、とても重要な部分です。つまり、仮計算して払っている税金を、**1年に1度正しく計算し直さなくてはいけない**のです。これが、「年末調整」です。

左ページの図にあるように「給与」と「ボーナスの合計金額」からさまざまな「控除」を引いて仮の所得税は計算されています。

年末調整では、1年間の所得を正しく計算して出た正しい税金と、毎月のお給料やボーナスのときに仮に支払った税金の差額を調整します。払いすぎていれば返してもらえるし、足りなければ不足額を支払わなければいけません。

会社がしてくれる税金の計算

給料 ＋ ボーナスの合計金額（額面）

ここから以下のものを引く

↓

社会保険料控除	給与所得控除	基礎控除
配偶者控除 ・ 配偶者特別控除	扶養控除	保険料控除

※下の３つは人によって大きく違う

↓

上記を全部引いた後の給与所得額×税率

↓

仮に計算された所得税

―会社がしてくれるのはここまで―

これを正しく計算し直すのが「年末調整」

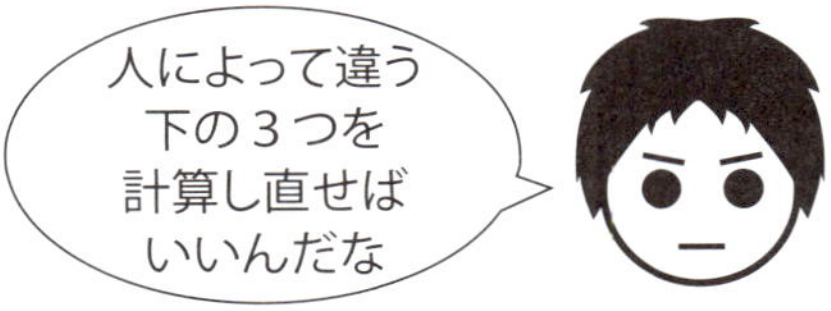
人によって違う
下の３つを
計算し直せば
いいんだな

知らないと
ヤバイ
税金の話
4

★人によって差がある所だけ見ればいい

チェックポイントは3つだけ

年末調整の際に「基礎控除」「給与所得控除」「社会保険料控除」については特に気にする必要はありません。

基礎控除は、誰でも同じ条件です。

給与所得控除は、給与の金額で自動的に決まってしまうので、こちら側では何ともなりませんし、社会保険料控除も、1年間に払った年金・健康保険料の合計金額を差し引くだけなので、問題ありません。

人によって差が出てくるのは「配偶者控除・配偶者特別控除」「扶養控除」「生命保険料控除・地震保険料控除」の3つになります。

該当する場合は控除が増え、支払った税金が多ければ返ってくることになります。

たとえば子どもがいる場合は「扶養控除」を受けられますし、保険に入っている場合はその控除を受けることができます。

控除などという言葉が出ると難しそうだと感じる人もいますが、安心してください。具体的な作業は、**全部会社の経理が処理してくれます**。私たちは、その中で個人差が出る部分だけを押さえておけばいいのです。

言い方を変えれば、私たちは、**この3つだけをポイントとして押さえておけばＯＫ**なわけです。

控除の内容

個人が考えなくてもいい部分

基礎控除	納税者なら誰でも 無条件に差し引ける　**金額…38万円**
給与所得控除	給与のうち、税金がかからない分 金額…給与額に応じて変わるが、 だいたい３割程度
社会保険料控除	公的な社会保障 （厚生年金・健康保険・国民年金保険など） に払った分のお金を差し引ける 金額…差し引かれた額の全部

自分が該当するかどうかチェックする項目

- **結婚している** → **配偶者控除**／**配偶者特別控除**
- **子どもがいる** → **扶養控除**
- **保険に入っている** → **生命保険料控除**／**地震保険料控除**

該当する場合は控除を申請

→ **支払った税金が多ければ戻ってくる**

→ **少なければ追加で払う**

知らないと
ヤバイ
税金の話
5

★保険に払ったお金の分は特別扱い

保険料の控除で税金を減らす

みなさんの中には、何らかの保険に入っているという人が多いと思います。複数の保険に入っているという方もいるでしょう。そして、その保険料を使えば、税金を減らすことができます。

サラリーマンの方は年末近くになると会社から「給与所得者の扶養控除等申告書」という紙をもらいます。その中に保険料を記す欄がありますので、保険会社から送られてくる「生命保険料控除証明書」にある数字を書き込み、会社に提出します。すると、それをもとに年末調整の計算をしてくれるのです。

生命保険料控除は、平成24年1月1日より制度が変わりました。従来の**一般生命保険料の控除**、**個人年金保険料の控除**以外に、**介護医療保険料控除**というものが新設されたのです。

3種類ともルールは同じで、年間8万円以上の保険料を納めていれば4万円控除してもらえます。ですから、3種類とも8万円ずつ保険料を納めていれば、**合計で12万円控除が受けられる**ということです。12万円未満は、左ページの表にまとめたので参考にしてください。

個人年金保険は、多くの場合で払った分以上にお金を受け取ることができる保険です。なおかつ保険料控除が受けられるわけですから、余裕がある人は加入を検討してもいいでしょう。

生命保険料などの控除

保険料控除の額（所得税）

年間の支払保険料の合計	控除額
2万円以下	支払金額
2万円を超え4 万円以下	支払金額 ÷2＋1万円
4万円を超え8万円以下	支払金額 ÷4＋2万円
8万円超	4万円

※住民税も別途控除される

控除ができる保険料は大きくわけて 3 種類

介護医療保険料

保険金の受取人
↓
保険料を
払い込む人か
その配偶者
または
その他の親族

※平成24年
1月1日以後に
契約したもの

一般の生命保険料

保険金の受取人
↓
保険料を
払い込む人か
その配偶者
または
その他の親族

個人年金保険料

年金の受取人
↓
保険料を
払い込む人か
その配偶者

※その他細かい
規定があり
控除の対象に
ならない保険も
あるので
要注意!

3つあわせて最大12万円の控除が受けられる

逆に、12万円以上の保険料を払い込んでもこれ以上は
控除されないので、保険を選ぶ際の参考になる

知らないとヤバイ税金の話 6

★控除のしかたは簡単

地震保険でも控除を受けられる

保険に関する控除にはもうひとつ、地震保険料控除があります。一昔前は「損害保険料控除」という名前でしたが、今は**「地震保険料控除」**という名前に変わりました。

これは、建物や家財に地震保険を掛けている人だけが対象になるもので、1年間に払った保険料が、5万円以下は支払った額がそのまま、5万円を超える場合は5万円までが控除できる仕組みになっています。

また、平成18年12月31日までに保険期間が10年以上ある損害保険に加入している場合は「旧長期損害保険料」として控除できます。

なんだか難しそうな言葉が出てきているので、よく分からないと思われるでしょうが、心配しないでください。

これも秋から年末にかけて送られてくる**保険料控除の証明書**を見ればいいのです。

そこに、「地震保険料○○○円」「旧長期損害保険料○○○円」などと書いてありますから、それを見ながら計算すれば問題ありません。

生命保険も同じですが、大切なのは**保険会社から送られてくる保険料控除の証明書をちゃんと保管しておくこと**、またなくしてしまった場合は、再発行してもらうことなのです。

地震保険料の控除

地震保険料控除

区分	年間の支払保険料の合計	控除額
(1) 地震保険料	5 万円以下	支払金額
	5 万円超	5 万円
(2) 旧長期損害保険料	1 万円以下	支払金額
	1 万円超 2 万円以下	支払金額 ÷2＋5000 円
	2 万円超	1 万 5000 円
(1)・(2) 両方ある場合		(1)、(2) それぞれの方法で計算した金額の合計額（最高 5 万円）

――実際の手続き――

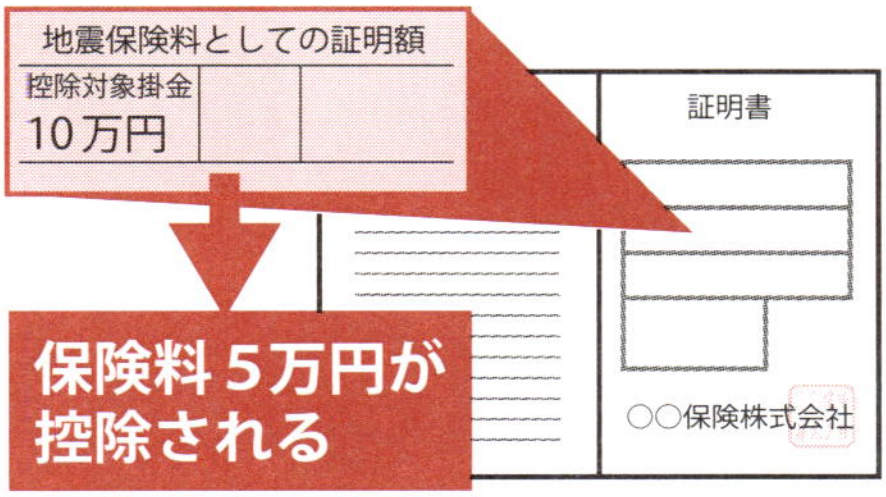
地震保険料としての証明額
控除対象掛金
10万円
証明書
○○保険株式会社
保険料 5万円が
控除される

保険会社から送られてくる

「保険料控除の証明書」

を保管しておく

- 会社の経理に渡して処理してもらう
- 確定申告の時に申告書に添付する

サラリーマン自身の
作業はそれほど
大変じゃないんだな

知らないと
ヤバイ
税金の話
７

★１３０万円までなら働いてもＯＫ

配偶者控除で節税する

結婚して配偶者がいる人は、配偶者控除を利用して税金を安くすることができます。

配偶者控除というのは、１年間の所得が38万円以下の配偶者がいる場合に、計算上38万円が所得控除できるというものです。

そう、**所得が38万円以下**で収入が38万円以下ではありません。左の図のように、**収入でいうと１０３万円以下**だということです。

この金額は、奥様方がパートやアルバイトをする場合、扶養の範囲内で配偶者控除が受けられる目安なのです。

でも本当に、１０３万円以内にしたほうがいいのでしょうか？　これを考えるために、**「配偶者特別控除」**というものを見ていきましょう。

こちらは、所得が38万円を超える人、つまり収入が１０３万円を超える配偶者がいる場合に利用できます。具体的な額は左の表の通りです。

つまり、所得で76万円未満・収入で１４１万円未満であれば、少なからず配偶者特別控除が受けられるということです。

では、年収を１０３万円にした場合と１４０万円まで働いた場合を比べると、家族の手取り収入はいくらぐらい違うのでしょうか。

次のページで少し詳しく見ていきましょう。

妻の収入に関する注意ポイント

合計所得金額によって控除の内容が違う

収入…103万円超 141万円未満 所得…38万1円～76万円未満 ↓ **配偶者特別控除**	収入…103万円以下 所得… 38万円以下 ↓ **配偶者控除**

所得 **38万円** が境界

妻の収入が141万円未満であれば控除が受けられる

どっちの場合も
俺の税金は
安くなる

配偶者特別控除の額

配偶者の合計所得金額	控除額
38万円を超え 40万円未満	38 万円
40万円以上 45万円未満	36 万円
45万円以上 50万円未満	31 万円
50万円以上 55万円未満	26 万円
55万円以上 60万円未満	21 万円
60万円以上 65万円未満	16 万円
65万円以上 70万円未満	11 万円
70万円以上 75万円未満	6 万円
75万円以上 76万円未満	3 万円
76万円以上	0 円

ただし

家族手当

に注意！

配偶者控除が
基準になっている場合もある

チェック
会社の支給基準を
確認してから
パートやアルバイトの収入を
調整しなくちゃ…

知らないと
ヤバイ
税金の話
８

★最終的にはどうするのがよいか

社会保険料のことも考えよう

左ページにあるように、年収を１０３万円にした場合の家族の手取りは１０２万１０００円、１４０万円まで働いた場合は１２８万３０００円になります。

税金のことだけを言えば、働けるのであれば、１０３万円を超えて働いたほうがいいのですが、問題なのが、**社会保険料**なのです。

年収が１３０万円以上になると社会保険の扶養から外れて、別に健康保険や年金を納めることになります。すると、下の図のように、おおよそ１８０万円を超えるぐらいまでは、手取りが逆に少なくなってしまうということになるのです。

もちろん正社員で働く場合は別ですが、パートやアルバイトの場合は、**１３０万円の壁**（２０１６年10月から、従業員数５０１人以上の企業は１０６万円）があることを知っておく必要があります。

それ以外にもうひとつ、気をつけないといけないポイントがあります。

ご主人の会社が奥様に対して**家族手当**を支払っている場合です。

この家族手当の基準は会社によってバラバラです。中には配偶者控除が基準になっている場合もあるので、支給基準を確認してからパート・アルバイトの収入を調整することをおススメします。

被扶養者の収入にある「壁」

収入103万円・所得38万円

（103万－給与所得控除65万＝38万円）

を超える場合
↓

年収…140万円
（手取り…133万5500円）

税金　…６万4500円
所得税…１万8500円
住民税…４万6000円

配偶者特別控除3万円のため
夫の税金が5万2500円増加

家族の手取り
128万3000円

以下の場合
↓

年収…103万円
（手取り…102万1000円）

税金　…9000円
所得税…　0円
住民税…9000円

配偶者控除38万円のため
夫の手取りに変動なし

家族の手取り
102万1000円

税金
だけじゃなく
社会保険も
いっしょに
考えないと…

収入で141万円未満であれば
少なからず配偶者特別控除が受けられる

（住民税額は東京都の例）

ただし

社会保険で扶養になる人…
年間収入で130万円未満（60歳以上や障害年金受給者の場合180万円未満）で
被保険者の2分の1以下の年収
↓
年収が130万円以上になると社会保険の扶養から外れる
（別に健康保険や年金を納める必要がある）
↓
税金とあわせて考えると
おおよそ180万円を超えるぐらいまで手取りが逆に少なくなってしまう

これが 130万円の壁

知らないと
ヤバイ
税金の話
9

★払いすぎた税金を自分で調整

確定申告で税金を安くできる

サラリーマンの税金は、基本的に会社が計算をしてくれるので、確定申告をする必要はないのですが、**中には、しなくてはいけない人がいます。**左の図にあるような人です。

１の「給料の年間収入が２０００万円を超える人」は単純なのでそのままです。

２を簡単に言えば、「お給料と退職金以外の所得が20万円以上ある人」です。たとえば外貨の売買で利益が出たり、ネットオークションでもうかった副業の収入がある人ですね。

３は、「２か所以上からお給料をもらっている人」をさしています。

その他、途中で会社を辞めた場合や、転職をした場合も、確定申告が必要になります。一社で把握できない収入があった場合は、話が変わってくるのです。

仮計算で支払った税金がそのままの状態になっている場合が多いので、**自分で税金を計算して確定申告すれば、税金が戻ってくる場合があります。**自分で年末調整をする方法が、確定申告なのです。

確定申告をしなければならないのは自営業者の方ばかりではないということを覚えておきましょう。

確定申告が必要な人

1　給料の年間収入が2000万円を超える人

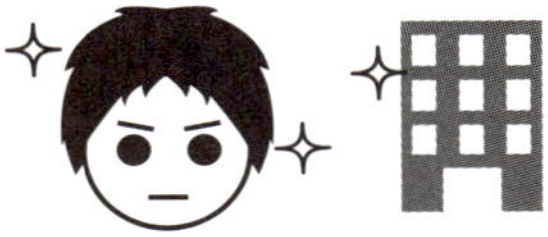

2　1か所から給料の支払いを受けている人で、給与所得及び退職所得以外の所得の金額が合計で20万円を超える人

つまり　**給料と退職金以外の所得が20万円以上ある人**

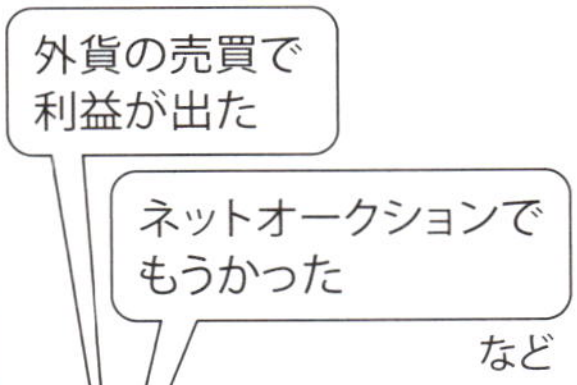

3　2か所以上から給与の支払いを受けている人で主たる給与以外の給与の収入金額と給与所得及び退職所得以外の所得以外の所得の合計金額が20万円を超える人

つまり　**2ヶ所以上から給料をもらっている人**

4　途中で会社を辞めた人　転職をした人

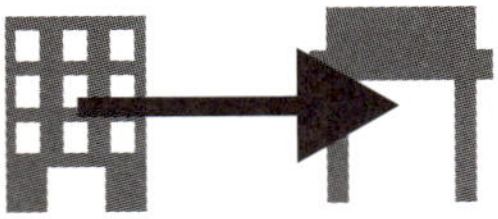

知らないと
ヤバイ
税金の話
10

★税額から控除額を直接引ける
住宅ローンによる控除は大きい

さまざまな控除の中でも一番大きいのは住宅に関するものです。一般的に「住宅ローン控除」「住宅ローン減税」と言われているものです。

住宅ローンを組んだ人は、最初の1年目に必ず確定申告をしなければなりません。

なぜなら、簡単に説明すると、住宅ローンを借りた人は、10年間、年末の住宅ローンの残高の1％（長期優良住宅等は1・2％）が税金から控除できるからです。

ただし、残高が1億円あっても、**控除の上限は5000万円**（長期優良住宅等の場合は6000万円）までなのでご注意ください。

これは、雑損控除・寄附金控除・医療費控除と違って、計算された税額から直接控除できるものです。ですから、前の3つに比べて税金を安くする効果はかなりのものです。

逆に注意することは、**支払った税金以上に控除はできない**ということです。ただし、所得税から引ききれなかった分は、**住民税**の計算で引いてくれるので、完全にムダになることはありません。

2年目からの控除は年末調整で計算してもらえますが、最初の1回目だけは、必ず確定申告で行わなければなりません。忘れずに、確定申告に行きましょう。

家を買うと税金が安くなる

住宅ローンを組んだ人は
最初の1年目に確定申告をしなければならない

強い
味方

住宅ローン控除

3000万円のローンがある
↓
税金が30万円安くなる
（年末の住宅ローンの残高の１％）

×

10年間
控除が続く

残高の上限は5000万円まで（長期優良住宅等の場合は6000万円）

【特徴】
計算された税額から直接控除できる

【シミュレーション】
ローン残高が3000万円で
今年の税金が20万円だったら？

この場合、20万円以上は税金を引けない
↓
引ききれなかった分は住民税に反映されて
翌年の住民税が安くなる
（課税所得の５％または9万7500円のどちらか少ない金額）

税額から
直接引けるから
すごい節税効果だ！
所得税から
引ききれなくても
住民税が安くなる！

知らないとヤバイ税金の話 11

★税金が安くなる人がいる

確定申告したほうがいい人

「確定申告しなければならない人」については前述しましたが、それとは別に、「したほうがいい人」というのもいます。

どんな人かというと、払いすぎた税金が戻ってくる可能性がある人です。

実は、年末調整では控除できなくて、**確定申告でしか控除できないことがあります**。それに該当する人は、確定申告をしたほうがいいわけです。

具体的には、左の図にあるような人です。

「雑損控除」というのは、震災や火災、盗難などの被害にあった人が受けることができるものです。損害を受けた人にとってはありがたいですね。

特に災害関係の損失はものすごく大きいので、その年では控除しきれません。そんな場合3年間は繰り越して控除できることも覚えておきましょう。

もちろん、被害にあわないことが一番ですが、不運にもそうなってしまったらこの控除のことを思い出してください。

「寄附金控除」というのは、寄附をした際に受けられるものですが、注意しなければならないのは、国が決めた団体に限られていることです。

控除を目的として寄附をするのであれば、寄附先の団体が対象になっているかを確認しましょう。

こんなときは税金が安くなる

雑損控除

以下による損害を受けた時

(1) 震災、風水害、冷害、雪害、落雷など
自然現象の異変による災害
(2) 火災、火薬類の爆発など
人為による異常な災害
(3) 害虫などの生物による異常な災害
(4) 盗難
(5) 横領

※詐欺や恐喝の場合には、雑損控除は受けられない

損害額－保険等で補填される金額を差し引いた額

－ 総所得金額等 ×10％

そのうち災害関連支出の
金額 －5万円

どちらか多い方

寄附金控除

国が決めた団体へ寄附をした時

国、地方公共団体・日本赤十字など

その年の
総所得金額等の
40％相当額

その年に支出した
特定寄附金の額の
合計額

どちらか低い金額 －2000円

※東日本大震災への義援金等には特例あり

知らないと
ヤバイ
税金の話
12

★家族で合算できる

医療費が高額なら税金は安くなる

１年間にかかった医療費の一部は所得から差し引くことができます。

その額は最高で２００万円で、対象となるのは、左の式で計算した金額です。

医療費控除の一番大きなポイントは、「医療費控除の概要」の部分に載っている「自己又は自己と生計を一にする配偶者やその他の親族」という一文に隠れています。

カンのいい人なら、もう「ピーン」ときたことでしょう。

そう、**医療費控除は、なにも自分の医療費だけではない**のです。配偶者やそのほかの家族の医療費も合計できるのです。

つまり、両親や子どもも含めてすべて生計を一としている家族であれば、1年間にかかった医療費を合計することができます。

１人分だけでは年間10万円（所得総額が２００万円未満の場合は５％）以上医療費を払っていなくても、家族全員なら、もしかしたら必要な金額を超えられるかもしれません。

控除を受けるためには、**領収書などの支出を証明する書類が必要なので、捨てずにとっておくことが大切**です。自分はもちろん、家族にも徹底させましょう。

こんなときは税金が安くなる

医療費控除　1年間にかかった医療費の一部を所得から差し引ける

最高で200万円

実際に支払った医療費の合計額	－	保険金などで補填される金額	－	10万円
		入院費給付金 高額療養費 家族療養費 出産育児一時金など		※その年の総所得金額等が200万円未満の人は総所得金額等5%の金額

（注）保険金などで補填される金額は、その給付の目的となった医療費の金額を限度として差し引くので、引ききれない金額が生じた場合も他の医療費からは差し引かない

自己又は自己と生計を一にする配偶者やその他の親族のために医療費を支払った場合には、一定の金額の所得控除を受けることができます。これを医療費控除といいます。

（「医療費控除の概要」の一部）

配偶者や子どもの医療費も合計できる

領収書は大事にとっておこうね

※妊娠・出産をした年は医療費が多くかかるので医療費控除が受けやすい

知らないと
ヤバイ
税金の話
13

★扶養家族は妻や子どもだけではない

年金暮らしの親で節税できる

意外とマイナーですが、確定申告をして税金が還付される方法に、扶養家族を多くするという方法があります。

扶養家族とは「所得が38万円以下の16歳以上の家族」のことになります。

年末調整の税金の計算の流れを思い出してください。**単純に税金の額を少なくしようとすれば、控除の金額を多くすればいい**わけですよね。

しかし、配偶者特別控除を増やすということは収入を少なくするということですし、生命保険料控除や地震保険料控除を増やすといっても、それ以上に保険料を払っているわけですから、意味がありません。

そうすると、簡単に控除額を増やす方法は、**扶養家族を増やす**ことになるのです。

でも急に家族が増えるわけではありません。子どもを増やすにしてもすぐには無理だし、育てるには節税できる以上のお金が必要になります。

ではどう考えるか？

扶養に入っていない家族を扶養に入れることができないかと考えるわけです。

たとえば、その代表例が、**年金暮らしの両親**です。次の項目では具体的なシミュレーションをしてみましょう。

扶養家族とは？

給与から引かれるもの

社会保険料控除	給与所得控除	基礎控除
保険料控除	配偶者控除 ・ 配偶者特別控除	扶養控除

**ここをふやせば
控除が増える
↓
税金が減る**

【扶養家族】とは…

**所得が38万円以下の
16歳以上の家族**

年金暮らしの両親も扶養家族になる！

公的年金等に係る雑所得の速算表（平成17年分以後）

年金を受け取る人の年	公的年金等の収入金額の合計額	控除額
65歳未満	（公的年金等の収入金額の合計額が70万円までの場合は所得金額はゼロとなる）	
	700,001円から1,299,999円まで	700,000円
	1,300,000円から4,099,999円まで	375,000円
	4,100,000円から7,699,999円まで	785,000円
	7,700,000円以上	1,555,000円
65歳以上	（公的年金等の収入金額の合計額が120万円までの場合は所得金額はゼロとなる）	
	1,200,001円から3,299,999円まで	1,200,000円
	3,300,000円から4,099,999円まで	375,000円
	4,100,000円から7,699,999円まで	785,000円
	7,700,000円以上	1,555,000円

知らないとヤバイ税金の話 14

★条件次第でOK

同居していなくても扶養にできる

年金暮らしの両親の所得はどのように計算されるのかというと、左の図の通りです。

少し例をあげて考えてみましょう。65歳以上で、年金のみで生活している両親がいるとします。父親の年金は１４０万円、母親は80万円だったとしましょう。

それぞれ収入から１２０万円控除できますから、父親の所得金額は20万円、母親のほうは所得金額は０円となります。

つまり、２人とも所得金額が38万円以下なので、扶養家族の対象となり、あなたの税金が安くなるのです。

「でも、一緒に住んでいないし」と思ったあなた、さらに朗報です。

実は、税金のルールでは、扶養家族とは「生計を一としている者」ですが、これは、**必ずしも同居していなくてもいい**のです。一緒に住んでいない両親でも、**条件さえ整えば、扶養控除の対象の家族にすることができる**のです。

通常、扶養家族に関する控除は、会社に通知し、年末調整のときに計算しますが、もし知らずにいて会社に伝えていなくて、もう年末調整が終わってしまった場合などは、確定申告が有効な手段となるわけです。

扶養家族はふやせる

【シミュレーション】
両親とも65歳以上・年金のみの生活をしている場合

父親の年金…140万円　　母親の年金…80万円

↓

それぞれ収入から120万円控除できる

↓

所得金額…20万円　　所得金額…０円

２人とも所得金額が38万円以下
↓

扶養家族の対象

扶養家族…
「生計を一としている者」

条件が整えばOK

もちろんOK!

でも
必ずしも
同居していなくてもいい

- 勤務、修学、療養費等の都合上、別居している場合であっても余暇には起居を共にすることを常例としている場合
- 常に生活費、学資金、療養費等の送金が行われている場合

などはOK

知らないと
ヤバイ
税金の話
15

★提出する書類は数枚程度

意外と簡単な確定申告

確定申告とは、個人が1月1日から12月31日の1年間の収入・支出、各種控除などを計算して、所得税の金額を確定し、税務署に申告することをいいます。

多くの場合は、税務署や区市町村役場で、この時期に税金の相談・申告コーナーが開設されているので、そこに行けば職員がくわしく教えてくれます。

大切なのは、**どんな目的で確定申告をするのか**ということです。転職したからなのか、医療費控除を受けたいのか、住宅ローン控除の手続きがしたいのか。

目的が明確になっていれば、事前に必要なものだけを国税庁のホームページで調べて持参できるので、**ほとんど1、2回で手続きは終了します**。

また、現在はインターネット上で確定申告ができる「e-Tax」というものがあります。これならば税務署に足を運ぶこともなく、自宅のパソコンで確定申告を行うことができます。

難しいと思うかもしれませんが、実際にやってみると意外に簡単なことに驚くでしょう。確定申告は税金というものを考えるいい機会になります。「しなければならない人」はもちろん、「したほうが得をする人」も確定申告をしてみましょう。

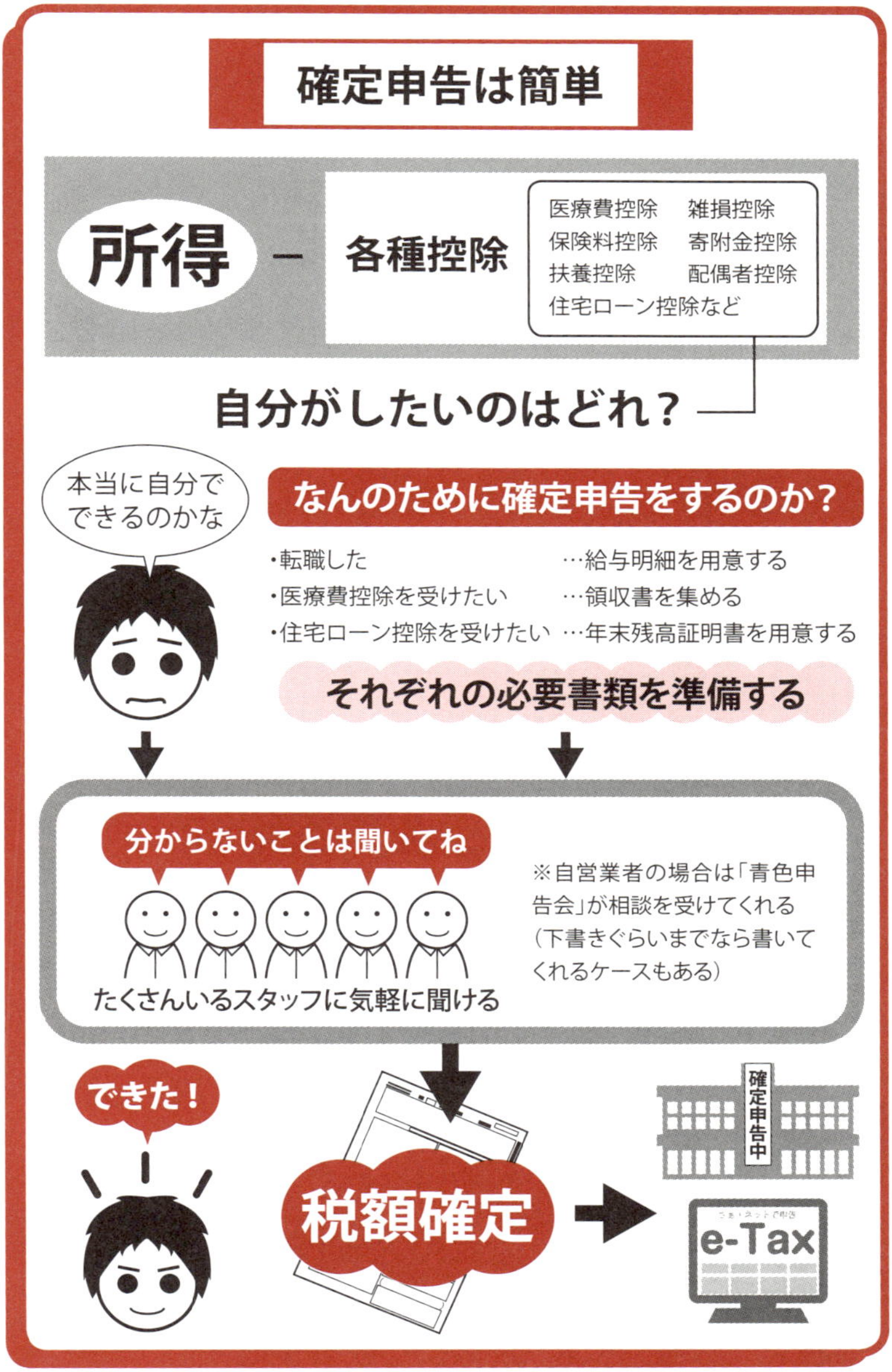
確定申告は簡単
所得 − 各種控除
医療費控除 雑損控除
保険料控除 寄附金控除
扶養控除 配偶者控除
住宅ローン控除など
自分がしたいのはどれ？
本当に自分でできるのかな
なんのために確定申告をするのか？
・転職した …給与明細を用意する
・医療費控除を受けたい …領収書を集める
・住宅ローン控除を受けたい …年末残高証明書を用意する
それぞれの必要書類を準備する
分からないことは聞いてね
たくさんいるスタッフに気軽に聞ける
※自営業者の場合は「青色申告会」が相談を受けてくれる（下書きぐらいまでなら書いてくれるケースもある）
できた！
税額確定
確定申告中
e-Tax

知らないとヤバイ税金の話

16

★あまり目立たないが…

住民税のインパクトは無視できない

「住民税の確定申告をしたことがある」という人は、ほとんどいないでしょう。なぜかというと、**住民税の申告は、所得税とセットで行われている**からです。

計算の流れは、年末調整・確定申告とほぼ同じ。違う点は、控除の金額ぐらいです。たとえば基礎控除や配偶者控除等は、所得税が38万円だったのに対して、住民税が33万円だったりと、住民税の控除額のほうが少ない傾向があります。

さて、ここでの問題も、会社を中途で辞めた人や転職した人です。

所得税とセットにされている以上、年末調整していない状態でそのままにしておくと、所得税を多く納めるばかりでなく、翌年からの住民税があがる可能性があるわけです。

収入によっては、所得税が税率5％で、住民税が10％という場合もあります。つまり、**所得税より住民税のほうがインパクトが大きな場合もある**のです。

「確定申告なんかしても数千円しかもどってこないから、面倒くさい」なんて思っていると、翌年の住民税がどーんと増えることもあります。

ですから、所得税のためだけではなく、**住民税のためにも、確定申告はするべきなのです。**

住民税にも要注意

住民税の額は自動的に決められる

直接の節税はできない

所得税	控除の種類	住民税
12万円上限	生命保険料控除	7万円
38万円	基礎控除 配偶者控除等	33万円

控除額は全体的に住民税のほうが少ない

所得税の税率

課税される所得金額	税率
195万円以下	5%
195万円を超え　330万円以下	10%
330万円を超え　695万円以下	20%
695万円を超え　900万円以下	23%
900万円を超え　1800万円以下	33%
1800万円を超え4000万円以下	40%
4000万円超	45%

住民税の税率

一律10%

課税所得が
195万円以下の場合
所得税が５％
住民税は10%
になってしまう

所得税が減ったと思ったら
住民税がそれ以上にふえて
結局手取りが減っちゃった

なんてこともありえる

所得税より住民税のほうがインパクトが大きな場合もある

●ミニ図解●

生命保険料控除のルールが変わる

平成 24 年 1 月 1 日以降に生命保険を契約した人から、生命保険料控除の方法が変わりました。（96 ページ参照）

新制度の控除が適用されるのは平成 24 年以降の契約分。では、それ以前に締結した契約はどうなるのかというと、以下のようになります。住民税分も同じ考え方で計算します。

平成23年以前の契約（旧契約）しかない場合

従来どおり、一般生命保険料控除および個人年金保険料からそれぞれ最高 5 万円（計10万円）控除される

平成24年以降の契約（新契約）しかない場合

3 種類の保険料をそれぞれ最高 4 万円（計12万円）控除される

旧契約と新契約の双方について控除を受ける場合

平成24年以降の契約（新契約）と同じで、最高 4 万円（計12万円）控除される

新しい保険に加入したほうがいいようにも思えますが、契約の前には、保険料と控除額とを合わせてよく考える必要があります。

4章
知らないとヤバイ年金の話

知らないと
ヤバイ
年金の話
1

★年金の基本の部分

みんな国民年金には入っている

左の図を見て、自分がどの年金に加入しているか分かりますか？

一番多いのは、厚生年金だと思われます。通常サラリーマンは、厚生年金に加入しているからです。基本的には、給料から社会保険料が天引きされていれば、厚生年金だと考えるといいでしょう。

ここでよくある勘違いが、「厚生年金や共済年金の人は、国民年金と関係がないのでは？」ということです。決してそんなことはありません。

国民年金は、別名「基礎年金」と呼ばれています。ですから、厚生年金の人も、共済年金の人も、国民年金には加入していることになっているのです。

そして、厚生年金や共済年金の配偶者で扶養になっている人（収入が少ない人）は、保険料を払わなくても国民年金に加入していることになっています。

つまり、**国民年金は建前上日本国民全員が加入している**のです。そしてその立場によって1号〜3号に分かれています。

ちなみに、共済年金は平成27年9月末で廃止され、厚生年金に一元化されました。

社会の変化にあわせて、年金制度は今後も変わっていくかもしれません。要点だけでいいので、たまに確認するようにしましょう。

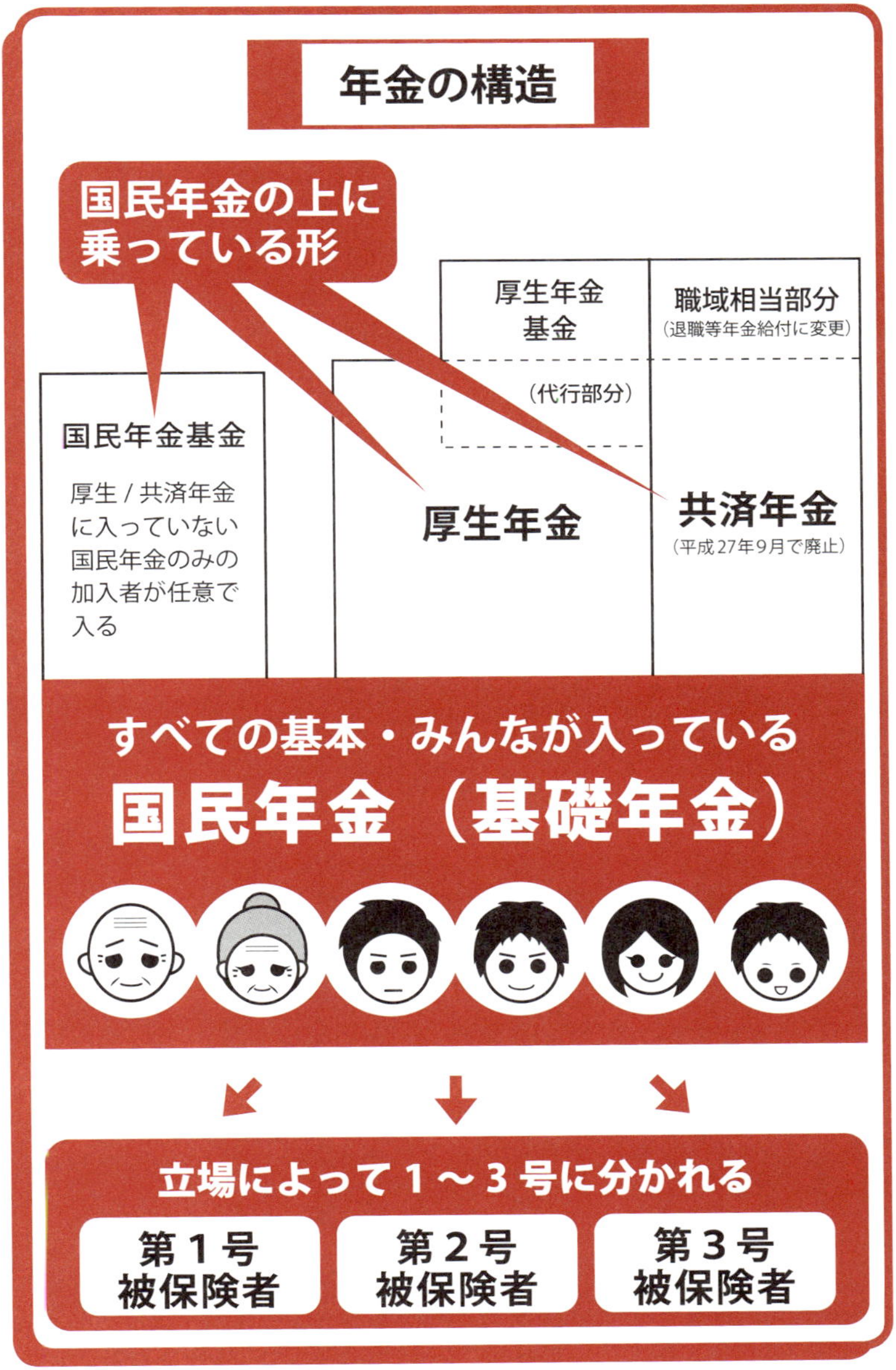
年金の構造
国民年金の上に
乗っている形
国民年金基金
厚生 / 共済年金
に入っていない
国民年金のみの
加入者が任意で
入る
厚生年金
基金
（代行部分）
厚生年金
職域相当部分
（退職等年金給付に変更）
共済年金
（平成27年9月で廃止）
すべての基本・みんなが入っている
国民年金（基礎年金）
立場によって1～3号に分かれる
第1号
被保険者
第2号
被保険者
第3号
被保険者

知らないとヤバイ年金の話 2

★自分はどれ？

3種類の被保険者がいる

ここでは3種類の被保険者について見ていきましょう。耳慣れない言葉かもしれませんが、その中身はとても簡単です。

第1号被保険者とは「国民年金のみに入っている人」のことで、2号、3号以外はここになります。扶養家族になっている高齢者やお子さん、そしてみずから保険料を納付している自営業者も第1号被保険者になります。第2号、第3号とちがい、自分で納付することになっています。

第2号被保険者は、「厚生年金に入っている人」のことで、サラリーマンや公務員がここにあたります。掛け金は給料から天引きされていますが、それと同額を会社が出しているのが特徴です。

第3号被保険者は、「第2号被保険者の被扶養配偶者」のことで、サラリーマンや公務員の配偶者はここに該当します。

第2号被保険者のご主人（または奥さん）が代わりに保険料を支払ってくれているため、本人が保険料を支払う必要はありません。

ただし、配偶者が定年退職をした場合は第1号被保険者に変わります。このとき、手続きをする必要があるのですが、そのことを知らずに何もしないままにしていると未納期間が増えることになってしまうので、気をつけてください。

年金の種類

第１号被保険者

国民年金のみに入っている人

２、３号以外はここ

※支払いを口座引き落としにしていない場合、年１回市町村から送られてくる納付書を使ってみずからお金を払う仕組みになっているので、払っていない人も多い

第２号被保険者

厚生年金（共済年金）に入っている人

サラリーマンと公務員はここ

厚生年金…民間サラリーマン
（共済年金…公務員等）

掛け金は給料から天引き ＋ 天引き分と同じ額を会社が出す ＝ 1人分の保険料

第３号被保険者

第２号被保険者の被扶養配偶者

サラリーマンの妻などはここ

※配偶者（第２号被保険者）が代わりに保険料を支払ってくれているので、本人が保険料を払う必要はない（ただし配偶者の退職によって第１号に変わる）

知らないと
ヤバイ
年金の話
3

★老人だけの味方ではない

年金は遺族の味方になる

年金と聞くと、「お年寄りがもらっているもの」と思いがちですが、実はそれは年金の機能のひとつでしかありません。

年金には、老後にもらえる「老齢年金」以外に、２つの可能性があります。ここでは、その２つのうちのひとつ、**「遺族年金」**を見ていきます。

遺族年金とは、その言葉の通り、遺された家族に年金が支払われるという制度です。

年金はなにも自分のためだけではなく、万が一のことがあった場合に、その家族の生活を助けてくれるものでもあるのです。

遺族年金には、国民年金から支払われる**「遺族基礎年金」**と、厚生年金から支払われる**「遺族厚生年金」**の２つがあります。

まずは遺族基礎年金を見ていきましょう。

これは配偶者にもしものことがあったとき、「子のある配偶者、子」に年金が支払われるというもので、その金額は、年間78万１００円に子の加算額が足されたものになります。

平成26年4月から「子のある妻」という規定から、**「子のある配偶者」**に改正されました。これまではお子さんがいる家庭で、ご主人が亡くなった場合のみに支払われていたのですが、奥さんが亡くなった場合も支払われるようになったのです。

遺族基礎年金

【シミュレーション】
もしも配偶者に
万が一のことが起こったら…

遺族基礎年金

国民年金に加入している人が死亡した場合に支払われる年金

受取人

死亡当時に子どものある配偶者
（配偶者がいない場合は子ども）

要注意！

子ども とは…

- 18歳到達年度の末日（3月31日）を経過していない子
- 20歳未満で障害年金の障害等級が1級または2級の子

→ **一般的に、子どもが高校を卒業するともらえなくなる**

支払われる金額…年間78万100円＋子の加算額

子の加算
（2015年5月現在）

第1子	第2子	第3子以降
22万4500円	22万4500円	各7万4800円

知らないとヤバイ年金の話 4

★対象となる家族に注意

遺族厚生年金で受け取れる金額

次に見ていくのは、**「遺族厚生年金」**です。

前ページの遺族基礎年金との大きな違いは、**対象となる家族**です。

遺族基礎年金が「子のある配偶者、子」なのに対して、遺族厚生年金は「妻、子、孫、55歳以上の夫、父母、祖父母」となっています。

遺族基礎年金は子どもがいないと支払われないのに対して、遺族厚生年金はそうでないところは大きな違いです。

遺族基礎年金は「子のある妻」から「子のある配偶者」に改定され、性差がなくなりましたが、遺族厚生年金の規定は改正されていないために、**夫は55歳以上でないともらえません**。こちらも改正が待たれるところです。

支払われる金額は年収が４５０万円だった場合、年間約40万円になります。

もちろん、遺族年金だけで遺された家族が生活していくのに充分なのかと言えば、そんなことはありません。

ただ、制度を知っておくと、住宅ローンの組み方も生命保険の入り方も変わってきます。

今もし自分に万が一のことがあったらどのくらい遺族年金が支払われるのか、調べておくことをおススメします。

遺族厚生年金

遺族厚生年金

厚生年金に加入している人が死亡した場合に支払われる年金

受取人

死亡当時の妻、子どもや孫

※子ども・孫…遺族基礎年金の場合と同じ

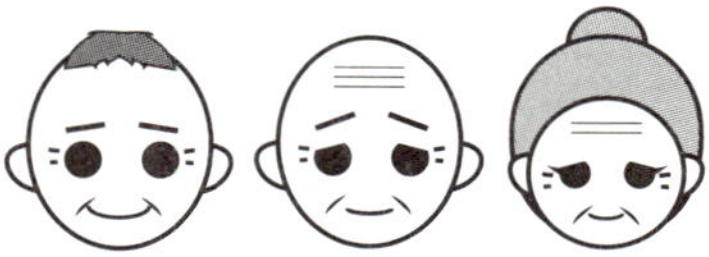

55歳以上の夫、父母、祖父母

共働きの妻が先に死んだ場合
遺族基礎年金→×
遺族厚生年金→○

遺族基礎年金との
大きな違い

遺族厚生年金は
**子どもが
いなくても
もらえる**

支払われる金額…年収が450万円の場合→年間約40万円

遺族厚生年金以外にも…

40歳以上65歳未満の間
年間57万9700円
（中高齢年の寡婦加算額）
が支給される

→

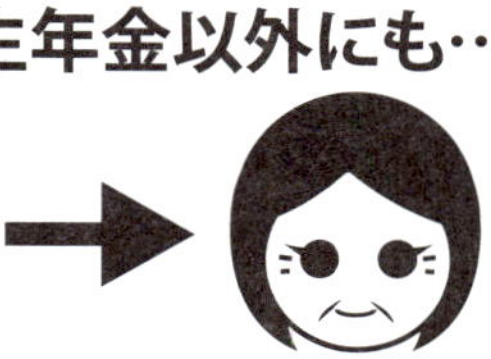

遺族基礎年金が
もらえなくなった
後の妻

知らないと
ヤバイ
年金の話
5

★民間の保険より頼りになる?

年金は障害者の味方になる

老後にもらえる「老齢年金」と、家族に万が一があったときの「遺族年金」以外で、独身・単身にかかわらず、何歳でも受給の可能性があるものがあります。

それが、**「障害年金」**です。

障害年金はその名の通り、**事故や病気などで障害を負った人のための制度**です。

生まれたときは健康でも、自分がいつ事故や事件に巻き込まれるか、それによって障害を持つのかどうか、予想できる人はいません。自分と関係のない話ではないのです。

障害年金にも、国民年金から支払われる**「障害基礎年金」**と、厚生年金から支払われる**「障害厚生年金」**があります。

それぞれに特徴や制限があり、「障害基礎年金」は高校生以下の子どもがいると金額が増えたり、「障害厚生年金」のほうは２級以上の場合、妻がいると金額が増えたりします。

認定を受けるためには、初診日から１年６ヶ月を経過した日、またはその期間内にその傷病が治った日において、１級または２級の障害の状態にあること、または65歳に達するまでの間に、１級または２級の障害の状態にあることという要件を満たす必要があります。

障害には等級がある

初めて医師の診療を受けたときから1年6ヵ月経過したとき(その間に治った場合は治ったとき)に障害の状態にあるか、または65歳に達するまでの間に障害の状態となったとき

↓

状態に応じて
障害等級
が分かれる

1級

・両腕または両足に著しい機能障害がある
・両目の矯正視力の合計が0.04以下
など

2級

・どちらか一方の腕または足に著しい機能障害がある場合
・両目の矯正視力の合計が0.05以上0.08以下
など

3級

・両目の矯正視力が0.1以下
など

それぞれに特徴や制限がある

障害基礎年金

高校生以下の
子どもがいると
金額が増える

20歳前に傷病を負った人は
所得額が500万1000円を
超えると全額支給停止になる
（２人世帯の給与所得世帯の場合）

障害厚生年金

２級以上の場合
妻がいると
金額が増える

知らないとヤバイ
年金の話
6

★等級によって額が決まる

障害年金で受け取れる金額

障害年金の具体的な支給額は左の図の通りです。

障害厚生年金の２級以上に該当する場合は障害基礎年金ももらえるわけですから、年収４５０万円で妻と子どもが２人いる家族のご主人が障害者等級１級に該当した場合、障害基礎年金から年間１４２万４１２５円、障害厚生年金から約90万６０００円が支払われることになり、合計すると約２３５万円にもなります。**かなりの金額を受け取ることができる**とわかるでしょう。

また障害等級３級には「精神又は神経系統に、労働が著しい制限を受けるか、又は労働に著しい制限を加えることを必要とする程度の障害を残すもの」という基準があるので、うつ病の人も該当することがあります。

ここで再度押さえておきたいポイントは、年金は決して老後のためだけのものではないということです。

老後の年金だけだと思えば、「国民年金を払うより自分で貯蓄したほうがいいかな」と思うかもしれません。でも**遺族や障害者になった場合に支払われることを考えれば、決して悪いものではない**ということです。もし今までこのことを知らずに国民年金を支払っていない人がいたなら、私はぜひ支払うことをおススメします。

障害基礎年金

障害基礎年金　1～2級

・国民年金の加入者が障害等級に該当した場合
・20歳未満から障害等級に該当していた場合
に支払われる年金

ただし、障害基礎年金の支給要件を満たしていることが必要

受取人＝本人

子どもが２人いる人が
等級１級の障害者になった場合…

支払われる金額…年間142万4125円

障害厚生年金

障害厚生年金　1～3級

厚生年金の加入者が障害状態に該当した場合に支払われる年金

ただし、障害基礎年金の支給要件を満たしていることが必要

１級…約90万6000円
２級…約77万円
３級…約59万4200円

年収450万円で
妻と子どもが２人いる家族の夫が
障害等級１級に該当した場合…

支払われる金額…年間235万

独身の場合も年間約168万円

知らないと
ヤバイ
年金の話
7

★全員がもらえるわけではない
老齢年金をもらうための条件

年金の有効性というものはここまででおわかりいただけたと思いますが、それでは年金を受け取るための条件はなんでしょうか？

これは、**老齢年金・遺族年金・障害年金それぞれに条件が決まっています**。

まずは「老齢年金」について見ていきます。

分岐点は25年間という納付期間です。25年間払っていないと、老齢年金の支給資格は得られません。

そして大きなポイントは、**国民年金をもらえる権利があれば、厚生年金は、1ヵ月の加入でもその分はもらうことができる**ということです。

これは、かなり重要なことです。

逆に言えば、「サラリーマンを20年して、会社を辞めました。その後、国民年金保険料を払っていません」となると、国民年金が1円ももらえないどころか、厚生年金ももらえないことになるのです。

これでは、せっかく20年払った意味がありません。給料から天引きされた厚生年金保険料を無駄にしたくないのであれば、考えどころです。

老齢年金を受け取りたいのであれば、25年間の納付期間に届くように5年間国民年金を払うという選択肢も出てきます。ご自身に当てはまる方はよく考えてみる必要があるでしょう。

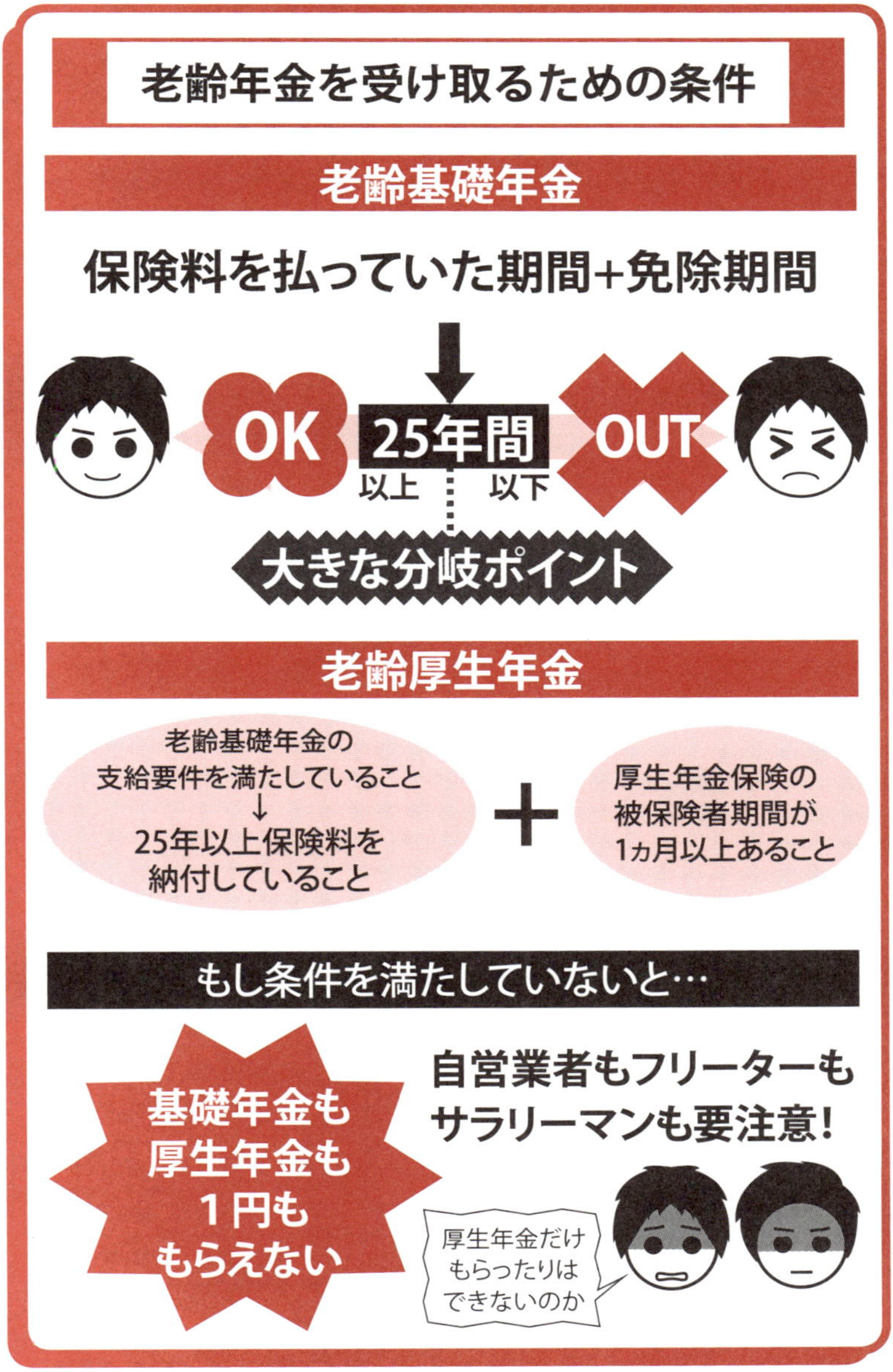
老齢年金を受け取るための条件
老齢基礎年金
保険料を払っていた期間+免除期間
OK
25年間
以上
以下
OUT
大きな分岐ポイント
老齢厚生年金
老齢基礎年金の
支給要件を満たしていること
↓
25年以上保険料を
納付していること
厚生年金保険の
被保険者期間が
1ヵ月以上あること
もし条件を満たしていないと…
基礎年金も
厚生年金も
1円も
もらえない
自営業者もフリーターも
サラリーマンも要注意!
厚生年金だけ
もらったりは
できないのか

知らないとヤバイ年金の話 8

★いざというときのために注意したい

遺族・障害年金をもらうための条件

「遺族年金」「障害年金」の受給資格についてはさらに驚かれるかもしれません。

実は、国民年金に加入している期間、**年金保険料を支払っている期間が3分の2以上ないと、遺族年金も障害年金も1円ももらえない**のです。

もしかしたら無理だと思ってしまったかもしれません。もし、20歳から30歳までフリーターで、国民年金保険料を1円も納めていなかったとしたら、今から50歳まできちんと支払わないともらえないことになってしまいます。

でも大丈夫。それではいけないということで、国は経過措置として、**平成28年4月1日前に診療を受けた病気・ケガや死亡した場合は、その月の前々月までの1年間に保険料滞納期間がなければいい**ということになっているのです。

働き始めてからずっとサラリーマンだという方は、自動的に国民年金に加入していることになっていますので心配ありません。しかし、過去に何度か転職を経験していて、国民年金保険料を払っていない期間がある人も、一度納付済期間を年金定期便などで確認する必要があります。

あくまでも経過措置ですから、それ以降に死亡したり、障害状態になったりした場合には、確認が必要になるでしょう。

遺族年金・障害年金の受給条件

遺族年金の保険料納付要件

遺族基礎年金

被保険者
または老齢基礎年金の資格期間
を満たした者が死亡したとき

死亡者が
保険料を払っていた期間
＋
免除期間が…

↓

加入期間の 2/3以上

遺族厚生年金

被保険者が死亡したとき
または被保険者期間中の傷病が
もとで初診の日から５年以内に死
亡したとき

死亡者が
保険料を払っていた期間
＋
免除期間が…

↓

**国民年金
加入期間の 2/3以上**

障害年金の保険料納付要件

障害基礎年金

保険料を払っていた期間
＋
免除期間が…

↓

加入期間の 2/3以上

障害厚生年金

- 加入期間中に初めて医師の診療を受けた傷病による障害
- 障害基礎年金の支給要件を満たしていること

転職していて
前の職場から次の職場まで
間がある場合などは要注意！

分岐ポイントは2/3

平成28年までは救済措置あり

知らないと
ヤバイ
年金の話
9

★払えない人のための制度がある

保険料は免除になることがある

当然ですが、年金をもらおうと思えば、その対価である保険料を支払わなくてはいけません。

しかも、「今月とりあえず払えば大丈夫」といった性格のものではないことも充分ご理解いただいたはずです。

しかし、「そんなことを言っても、払いたくても払えない人はどうするんだ」という方もいるでしょう。

国民年金には、そういう人のために**「保険料免除」**というルールがあります。そのルールは左の図のようになっています。

いったい自分は、どれに該当するのか？　どれにも該当しないのか？

細かいことを自分で調べるのは、正直時間の無駄です。そういった場合は、日本年金機構の年金事務所（旧社会保険事務所）等に相談しましょう。

もしかしたら、免除を受けられるかもしれないのに、何もしないで保険料の未納という扱いになっているかもしれません。それではもったいないだけですから。

免除期間は保険料納付済期間に含まれます。**未納と保険料免除は大きく違うのです。**収入が少なくて国民年金を払うのが大変な場合は一度相談に行くべきです。

未納と免除の違い

免除の手続きを

しない ↓

未納

「保険料を払わなかった期間」として扱われる

する ↓

免除

「保険料を払った期間」として扱われる

大学生の間
年金をずっと
払うのはムリ

という場合でも…

申請すれば
免除になっていた場合も
申請しなければ
未納扱いになってしまう

同じ「払わない」でも大きく違う

免除になるのはこんなとき

学生納付特例制度

●大学（大学院）、短大、高校などに在学する学生等

●本人の前年の所得が118万円＋扶養親族等の数×38万円以下

・障害基礎年金の受給権者

・生活保護法の生活扶助を受けている人

・ハンセン病療養所の施設入所者

などの場合は自動的に免除になる

退職（失業）による特例免除

通常は…

本人の所得＋配偶者の所得＋世帯主の所得

特例免除になると…

配偶者の所得＋世帯主の所得

で計算される

↓

満額の1/2の保険料を納付したのと同じ扱い

知らないとヤバイ年金の話 10

★手続きをした人への救済制度

免除者は追納することができる

免除の申請をした人は、もうひとつ、**「保険料の追納」**というオプションを持つことができます。

保険料の追納とは、保険料免除期間がある人が、実際年金を受けるときに金額が少なくなることを防ぐために、余裕ができてから、過去10年以内にあった保険料免除期間の保険料を支払うことができるという制度です。

ただしこれは、**保険料免除になった人だけが使えるオプション**であって、保険料を滞納した人は使えないので、勘違いしないようにしてください。

左の図にあるように、申請も支払いもしていなかった人は、年金の受給資格が得られないとわかって焦ったとしても、できることは限られています。

それに対して10年間をさかのぼって支払うことのできるメリットは非常に大きなものがあります。25年間という大きな分岐ポイントをその10年でクリアすることができる可能性が高いのです。

この意味でも、納付するつもりはあるのにさまざまな理由で支払うことができなかった場合、免除の申請をしておいたほうがいいことがわかるでしょう。

実際にこの制度を利用するかどうかはさておき、こういった制度もあることを知っているだけで、何かの役に立つものです。

免除の場合は保険料を追納できる

申請も支払いも
していなかった

↓

時効

ただし過去２年以内分は
支払うことができる

↓

**年金の受給資格が
なくなる?**

最悪の場合、支払い期間が
25年に満たず、年金を受け
取ることができなくなる

↓

60歳までに
加入期間が足りない場合
60～65歳の間に
「任意加入」できる

免除の
申請をしていた

↓

追納できる

過去10年分まで
支払うことができる

**【例】
学生納付特例制度**

特例を受けた期間の分は受給
資格期間には算入されるが、
年金額には反映されない

↓

追納すれば
将来受け取る年金が増える
＋
年末調整で
社会保険料控除ができる

**未納より
免除の方が有利**

大きな分岐ポイント

25年間

年金を受け取ることができるか
受け取る年金額がいくらかという
大きな問題とつながっているので
免除できる場合は申請しておこう

知らないと
ヤバイ
年金の話
11

★「年金はもらえない」という声が気になる

年金は本当にもらえるのか？

年金が老後のものだけでないことは、理解していただけたことと思いますが、まだ気持ちのどこかで**「払ってもどうせもらえないんでしょ」**という部分が残っていないでしょうか？

ニュースや雑誌の記事を見る限り、そんな不安を持つのは当然のこと。

では、冷静にこの先年金がどうなるのかを見ていくことにしましょう。

左の表は、平成16年に行われた年金の大改正で、国が試算した将来のシミュレーションです。

たとえば現在30歳の人は、このシミュレーション当時20歳前後ですから、20歳の欄の数字を見ればいいでしょう。

すると、厚生年金では、約３３００万円支払って約７６００万円受け取ることができ、国民年金では約１２００万円支払って約２１００万円受け取ることができるということになります。あくまでも平均寿命（試算では２０５０年時点で男80・95歳、女89・22歳）まで生きた場合ですが……。

70歳の厚生年金加入者は約6・4倍、60歳の加入者は約3・8倍、20歳の加入者は約2・3倍となると、不公平感があるかもしれませんが、**平均寿命まで生きれば払い損にはならないように設計されています。**

世代ごとの負担額と給付額

60歳の厚生年金加入者は約3.8倍

20歳の厚生年金加入者は約2.3倍

平成17（2005）年における年齢（生年）	厚生年金（基礎年金を含む）					国民年金		
	保険料負担額 (1)（万円）	年金給付額 (2)（万円）	倍率 (2)/(1)	65歳以降給付分 年金給付額（万円）(2')	65歳以降給付分 倍率 (2')/(1)	保険料負担額 (1)（万円）	年金給付額 (2)（万円）	倍率 (2)/(1)
70歳（1935年生） [2000年度時点で換算]	680 (670)	5,600 (5,500)	**8.3**	4,400 (4,300)	**6.4**	230 (230)	1,300 (1,300)	**5.8**
60歳（1945年生） [2010年度時点で換算]	1,200 (1,100)	5,400 (5,100)	**4.6**	4,500 (4,200)	**3.8**	410 (390)	1,400 (1,300)	**3.4**
50歳（1955年生） [2020年度時点で換算]	1,900 (1,600)	6,000 (5,100)	**3.2**	5,600 (4,800)	**3.0**	700 (600)	1,600 (1,400)	**2.3**
40歳（1965年生） [2030年度時点で換算]	2,800 (2,200)	7,600 (5,900)	**2.7**	7,600 (5,900)	**2.7**	1,100 (830)	2,100 (1,600)	**1.9**
30歳（1975年生） [2040年度時点で換算]	3,900 (2,800)	9,600 (6,700)	**2.4**	9,600 (6,700)	**2.4**	1,500 (1,000)	2,600 (1,800)	**1.8**
20歳（1985年生） [2050年度時点で換算]	5,100 (3,300)	12,000 (7,600)	**2.3**	12,000 (7,600)	**2.3**	1,900 (1,200)	3,300 (2,100)	**1.7**
10歳（1995年生） [2060年度時点で換算]	6,500 (3,700)	14,900 (8,500)	**2.3**	14,900 (8,500)	**2.3**	2,400 (1,400)	4,100 (2,300)	**1.7**
0歳（2005年生） [2070年度時点で換算]	8,000 (4,100)	18,300 (9,500)	**2.3**	18,300 (9,500)	**2.3**	3,000 (1,600)	5,000 (2,600)	**1.7**

※厚生労働省「年金制度における世代間の給付と負担の関係について」

(注1) それぞれ保険料負担額及び年金給付額を65歳時点の価格に換算したもの。
(　) 内はさらに物価上昇率で現在価値 (平成16年度時点) に割り引いて表示したもの。
(注2) 2100年で受給期間が終わる世代について計算した。

知らないと
ヤバイ
年金の話
12

★保険料は少しずつ上がっていく

今後、年金制度はどうなるか

前ページのシミュレーション通りいくように、国民年金・厚生年金ともに、平成16年から12年の間、**保険料を毎年少しずつ値上げしていくことが決まっています**。

いくら値上げするかというと、国民年金が２８０円ずつ、厚生年金が年収に対して０・１７７％ずつです。「０・１７７％」と言われてもピンときませんよね。金額にすると、年収４００万円の場合だと、毎年７０８０円ずつ高くなる計算になります。

ちなみにこの改正で、「１００年間は年金を支払うことができる体制になった」と言われました。

このときの計算は、「物価上昇年率＝１・０％、賃金上昇率＝２・５％、資金運用利回り＝４・１％」を前提にしています。

どうでしょうか。「少し非現実的では？」と思えるほどの甘い前提のような気がします。

もちろん年金は、老後のものだけではなく、障害年金や遺族年金などの保障機能も兼ね備えています。だから、「もらえないかもしれないから、払いたくない」というものではありません。

今後、年金制度が再び大幅に変更される可能性は高いでしょう。その時に、この平成16年の改正からどのように変わったのかに注目することで、その先の流れが見えてくると思います。

年金保険料の値上げ

厚生年金

年収に対して
0.177%ずつ

折れ線グラフ

国民年金

280円ずつ

棒グラフ

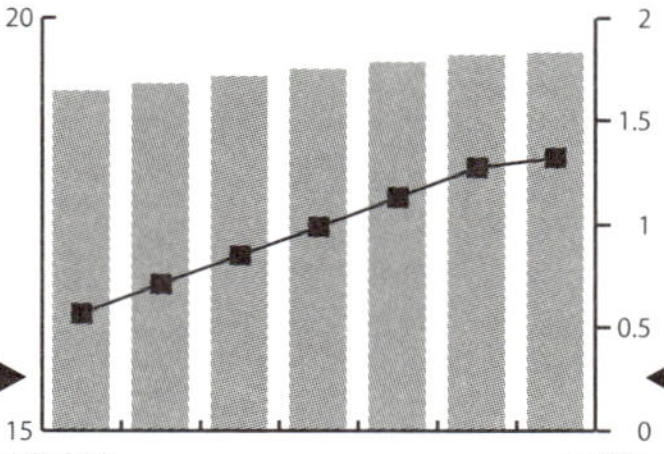

平成29年以降は
18.3%で固定化予定

平成29年の
1万6900円が上限予定

30歳サラリーマンの例

厚生年金… 7080円
国民年金… 280円

毎年7360円ずつふえる

【厚生年金】
約3050万円支払って
約7150万円受け取る

【国民年金】
約1100万円支払って
約1950万円受け取る

30歳・年収400万円の
サラリーマン

ただし平均寿命まで生きた場合

（試算では2050年時点で男…80.95歳／女…89.22歳）

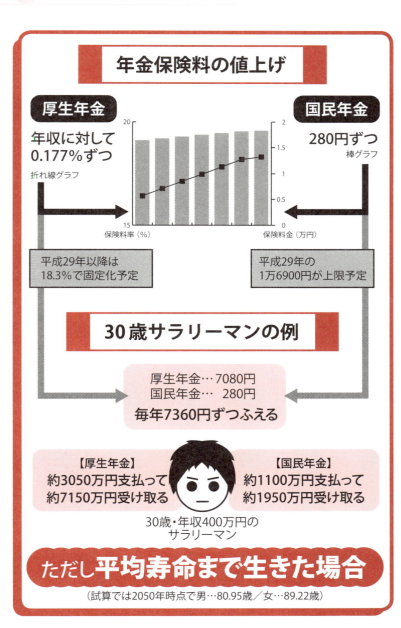

知らないとヤバイ年金の話 13

★将来の生活の基礎になるお金

老後にもらえる年金額

ここでは、将来私たちがもらえる年金はいくらになるのかを、厚生年金の例で見ていきましょう。

もっとも関心が高いのは、**老後の年金がいくらもらえるのか**という点でしょう。

もしあなたが30歳の場合は、現在のところ、老齢基礎年金（国民年金）も老齢厚生年金（厚生年金）も、65歳からの支給となります。

厚生年金に入っていた人は、国民年金にも加入していますから、加入月数に応じた老齢基礎年金（国民年金）もあわせて受け取ることになります。

問題は老齢厚生年金の計算方法で、具体的には左の図のようになります。

こんな数式が出てきただけでゲッソリですよね。これが年金が分かりにくい原因なのです。

もっとも、**私たちはあくまでもザックリした目安が分かればいい**ので、もう少し簡単に考えます。

現在30歳の人は、平成15年4月からの保険期間のほうが長くなりますから、左ページの下にある計算式を使って計算します。

問題は、**平均標準報酬額**ですが、これはおおよその生涯年収の平均を12で割ったものです。

でも生涯年収の平均なんて分かりませんから、仮の数字をあてはめることになります。次の項目で実際に計算をしてみましょう。

老齢厚生年金の保険料の計算方法

４月～６月の給与の平均値（報酬月額）を１等級～30等級の表に当てはめた額（９万8000円～62万円）

４月～６月は残業を控えろっていうのはこのせいか～

平成15年３月まで

平均標準報酬月額 × $\left[\frac{9.5}{1000} \sim \frac{7.125}{1000}\right]$ × 平成15年３月までの被保険者期間の月数

生年月日に応じた率

＋

保険料の対象にボーナスが入ったので「月」が消える

平成15年４月から

平均標準報酬額 × $\left[\frac{7.308}{1000} \sim \frac{5.481}{1000}\right]$ × 平成15年４月以降の被保険者期間の月数

生年月日に応じた率

↓

おおよその生涯年収の平均÷12

※現在30歳の人の試算では、平成15年４月からの保険期間のほうが長くなるので、下のほうの式を使う

→

149ページの図へ

知らないと
ヤバイ
年金の話
14

★将来の計画のために
自分の年金額を試算してみる

現在30歳のサラリーマンが65歳から受け取る年金はいくらになるのか？　試算してみましょう。

生涯の平均年収を５００万円と仮定し、それを12で割り、**平均標準報酬額**を出します。

こうして出た41・7万円を数式にあてはめると、１０４万２２２３円という数字になります。これが老齢厚生年金の支給額になります。

これに老齢基礎年金の満額である78万１００円を足すと、約１８２万円が支給されるであろうことがわかります。

これはあくまでも、大雑把な目安です。しかし目安すらないまま今後を計画するよりも、ずっとリアルな感覚が持てるのではないでしょうか。

保険料の値上げが実施されたり、「官民格差」として批判があった共済年金が厚生年金に一本化されたりと、**国の状況によって年金制度は大きく変化します。**

しかし、ここまで書いてきたことを参考にすれば、自覚ある大人として、「この先年金制度がどうなっていくか」という切り口で、今後の経済や政治について関心を持って見ることができるのではないでしょうか。

遠い存在としてではなく、自分に関係のあることとして年金を考えることが大切なのです。

年金を試算してみる

【シミュレーション】
現在30歳の
サラリーマンが
65歳から受け取る
年金はいくら？

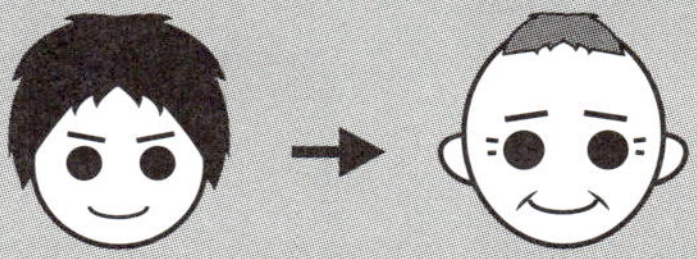

※生涯年収が不明なので
新卒の年収と退職時の年収（予想）を
足して２で割ることで平均の年収とする

生涯の平均年収（予想）

$$\frac{300\text{万円（新卒時の年収）} + 700\text{万円（退職時の年収）}}{2} = 500\text{万円}$$

500万円 ÷12 ＝ 41.7万円 ← **平均標準報酬額**

41.7万円 × 0.5481％ × 被保険者期間（38年 ×12）

↓

1,042,223円

これに老齢基礎年金を加える

↓

合計：約182万円

これが
もらえる年金の
毎年の予想額！

●ミニ図解●

もう一度考える。年金は大丈夫？

★再燃・「年金は本当に大丈夫？」

最近、年金についての議論が活発になってきています。その主な原因は、平成 16 年の年金大改正に計算された、「100 年安心な年金制度」の前提が甘すぎたのではないか？という話がでてきたからです。

当時の前提は、物価上昇年率＝1.0%、賃金上昇率＝2.5%、資金運用利回り＝4.1%というものでした。確かに、今の経済状況からすると、「非現実的では？」と思えるほど、前提が甘いような気がします。

もちろん、それだけで年金は無用なものだと決めつけてはいけません。本書にも解説させていただいたように、障害年金や遺族年金という保障機能も備えているからです。

★老後の年金はどうなるか？

これから様々な話し合いが行われるでしょうし、今後の国政選挙の争点にもなっていくでしょう。その際は、この平成 16 年の年金大改正をものさしに、どのように変わったのか、どれぐらい変わったのかを注目することで、その先の流れがみえてくると思います。

大切なことです。是非注目していきましょう。

5章
知らないとヤバイ
困ったときの
お金の話

知らないとヤバイ
困ったときのお金の話
1

★できればお世話になりたくないけど

失業時の味方・失業保険

自分が望まなくても、私たちは、ときに仕事を失ってしまうことがあります。そんなときに頼りになるのが**「雇用保険（失業保険）」**です。

正確に言えば、雇用保険の中に「失業等給付」という制度があって、このことを一般的に失業保険という言い方をしています。

この失業等給付にも色々な制度があって、大きく分けると、**求職者給付・就職促進給付・教育訓練給付・雇用継続給付**の４つになります。

ここでは、求職者給付の中の基本手当、つまり**失業手当**について詳しく見ていきましょう。

失業保険をもらった経験がある人はご存じかもしれませんが、経験がない人も、失業保険とはどんな仕組みなのか、前もって知っておいていただきたいところです。

受給資格があるのは、左の図の上にある２つの条件の両方にあてはまる人です。金額や日数も図の通りで、１日につき６３００～６８００円程度になります。

どうでしょう。「そんなにはもらえないなあ」という印象を持ったのではないでしょうか？

しかも、一般的に自己都合で会社を辞めた場合は、原則３ヵ月間は基本手当を受け取ることができないので気をつける必要があります。

失業保険の対象になる人

1

- ハローワークに来所している
- 求職の申込みを行っている
- 就職しようとする積極的な意思がある
- いつでも就職できる能力がある

にもかかわらず

本人やハローワークの
努力によっても職業に就けない
「失業の状態」にある

＋

2

離職の日以前の２年間に
雇用保険の被保険者だった
期間が通算12か月以上あること

ただし

特定受給資格者または
特定理由離職者については、
離職の日以前の1年間に
被保険者期間が
通算6か月以上ある
場合でも可

次のような状態にあるときは基本手当を受けられない

- 病気やけがのため、すぐには就職できないとき
- 妊娠・出産・育児のため、すぐには就職できないとき
- 結婚などにより家事に専念し、すぐに就職できないとき
- 定年などで退職してしばらく休養しようと思っているとき

失業手当の日額上限

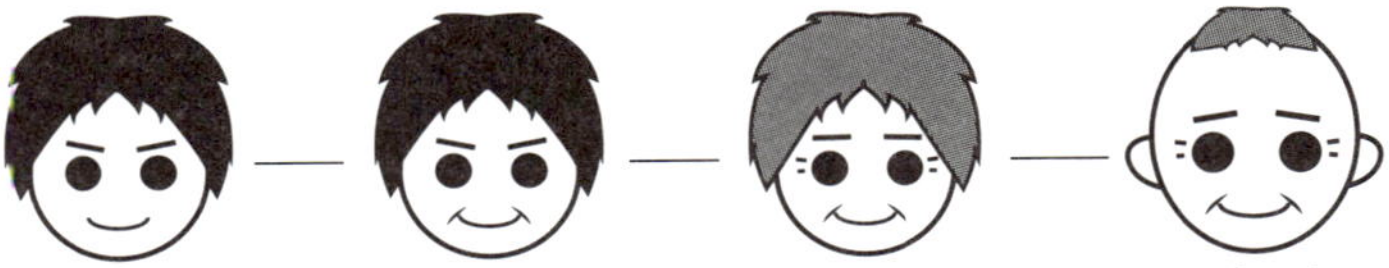

30歳未満	30歳以上45歳未満	45歳以上60歳未満	60歳以上65歳未満
6395円	7105円	7810円	6714円

（平成27年8月～）

知らないとヤバイ
困ったときのお金の話
2

★自分に不利になることもある

「離職の理由」には要注意

失業保険の重要なポイントは、**「特定受給資格者」**というキーワードです。

「特定受給資格者」とは、倒産・リストラなどで離職した人をさし、「特定理由離職者」は労働契約期間の満了や身体や心身の障害で離職した人をさしています。

左の表の通り、一般的な受給者に比べて特定受給資格者は相当優遇されています。

一般の離職者は、被保険者であった期間が1年未満の場合、給付を受けることができませんが、「特定受給資格者及び特定理由離職者」は90日支給されることになっています。

失業給付を受けるためには、辞めた会社からもらう**「離職票」**という用紙が必要になるのですが、この用紙の**「離職の理由」という欄になんと書いてあるかで、失業給付の条件が良くも悪くもなります**。

実は、実質的には会社側に辞めさせられたのに、自分から辞めたことになっている、というパターンがとても多いのが現実です。

しかしこの2つには、手当の期間や金額にかなりの差があります。会社側の都合で退職になったときは、その事実をしっかりと明記してもらうように働きかけましょう。

失業保険の給付日数

一般の離職者

区分 ＼ 被保険者であった期間	1年未満	1年以上5年未満	5年以上10年未満	10年以上20年未満	20年以上
全年齢	—	90日		120日	150日

【注意!】

本来より不利な扱いになってしまうことがある

本当は会社の都合でリストラされたのに…
「クビにした」とは言いにくいから「従業員の都合」の退職にしよう

「離職票」の「離職の理由」に事実を書いてもらうようにする

特定受給資格者及び特定理由離職者

区分 ＼ 被保険者であった期間	1年未満	1年以上5年未満	5年以上10年未満	10年以上20年未満	20年以上
30歳未満	90日	90日	120日	180日	—
30歳以上35歳未満			180日	210日	240日
35歳以上45歳未満				240日	270日
45歳以上60歳未満		180日	240日	270日	330日
60歳以上65歳未満		150日	180日	210日	240日

特定受給資格者…倒産・リストラなどで離職した人

特定理由離職者…労働契約期間の満了・身体や心身の障害で離職した人など

知らないとヤバイ
困ったときのお金の話
3

★「最低生活費」がない人のために

自立をサポートする生活保護

生活保護とは、預貯金もなく、親族の援助を受けることもできず、働けない、もしくは働いていてもその収入が**最低生活費を満たさない場合に受けることができる制度**です。

最近、ニュースなどで目にする機会も増えたので気になっている方も多いでしょう。

厚生労働省の調査によると、2015年6月の時点で生活保護を受けている人は約216・3万人となり、過去最高を更新しました。受給世帯は約162・5万世帯となっています。

世間の注目を集める生活保護ですが、この制度には2つの大きな目的があります。

ひとつは、やはり「**健康で文化的な最低限の生活を確保する**」ということ。

そしてもうひとつは、一度生活が困窮してしまった方の**自立をサポート**するというものです。

では、どういった場合に生活保護の対象になるのでしょうか。

簡単に言えば、預貯金もなく、親族の援助を受けることもできず、働けない、もしくは働いていてもその収入が**最低生活費**を満たさない場合です。では、その最低生活費というのはなんでしょう?

次の項目で具体的な生活保護費を見ていきましょう。

生活保護を受けられる人

生活保護は世帯単位

お金がない

↓

資産の活用

預貯金や生活に利用されていない土地家屋などがあれば売って生活費にあてる

あらゆるものの活用

年金や手当など他の制度で給付を受けることができる場合はまずそれらを活用する

家族全員がこの条件に該当している

能力の活用

働くことが可能な場合はその能力に応じて働く

扶養義務者の扶養

親族などから援助を受けることができる場合は、援助を受ける

その上で、それでもお金がない

↓

世帯の収入 ＜ 厚生労働大臣の定める基準で計算される最低生活費

↓

生活保護を受けられる

知らないとヤバイ
困ったときのお金の話
4

★足りない分は支給される
「最低限の生活」はできる

生活保護費を知るために、まず、国が考えている生活費の内訳を見ていきましょう。

具体的にどれくらいの金額かというと、一番分かりやすい生活扶助（日常生活に必要な費用）を例にあげると、左上の図のような感じです。

ただし、**この金額が満額支給されるということではありません**。これはあくまでも基準額ですから、左ページ中央にある式のように、月の収入がこの基準額に満たない場合に**足りない分を支給される**という仕組みなのです。

金額としては最低限の生活費なので、収入がある人が支給を受けることはなかなか困難ですが、急に会社にリストラされた場合や会社が倒産した場合などは、助けてくれることに違いはありません。**何かあったらトコトン利用するべきです。**

生活保護を受けるための手順は、まず地域の福祉事務所か町村役場で相談をし、申請の手続きをします。すると担当者が世帯の収入や資産を調査し、原則的に14日以内に回答があるという流れになっています。

万が一生活に行き詰まった場合に備えて、こんな制度があること、また国が定めている「最低限の生活費」がどのぐらいなのかを頭に入れておくといいでしょう。

生活保護の金額

生活扶助基準額

世帯	東京都区部等	地方郡部等
標準3人世帯（33歳、29歳、4歳）	16万6810円	13万3120円
高齢者単身世帯（68歳）	8万140円	6万2960円
高齢者夫婦世帯（68歳、65歳）	12万440円	9万4620円
母子世帯（30歳、4歳、2歳） ※児童養育加算等を含む	19万410円	15万6820円

※平成25年8月～

この額すべてが支給されるわけではない

生活扶助基準額 － **収入**（年金、児童扶養手当等） ＝ **支給額**

申請の方法

地域の福祉事務所か町村役場で相談 → 生活保護の申請手続きをする → 担当者が世帯の収入や資産を調査 → 原則14日以内に回答がある

知らないとヤバイ
困ったときのお金の話
5

★こんな時代だから必要になる

セーフティネットいろいろ

失業保険や生活保護の他にも、セーフティネットはまだまだあります。

特にリーマンショック以降は、失業給付も生活保護も受けられない状態の人たちを対象とした**「第二のセーフティネット」**が設けられました。

雇用環境が一変してしまった昨今、一時的に利用することが可能な制度もたくさんあります。利用できるものがないか一度調べてみる必要があります。

左ページから「住宅手当」「総合支援資金貸付」「訓練・生活支援給付」「臨時特例つなぎ資金貸付」「就職活動困難者支援事業」「長期失業者支援事業」の6つの制度について解説していますので、いざというときのために念頭においておくといいでしょう。

こういった制度は、国や自治体のほうから個別に提案してくれるものではありません。

みずから動いて初めて行政の協力を受けることができるものなので、どんどん相談に行くべきなのです。

問い合わせ先は「市町村社会福祉協議会」や「ハローワーク」になっています。自分だけで悩んでいても状況は改善しないので、専門家の助言を聞きにいってみましょう。

住宅手当

賃貸住宅の家賃のための給付をしてくれる

【支給例】

支給対象

仕事といっしょに
家も
失いそう…

…住居入居費…
月５万3700円
原則６ヵ月
（単身者・東京都の場合）

条件
・就労能力がある
・常用就職の意欲がある
・申請者及び申請者と生計を一とする同居の親族の収入の合計額が一定以下　など

…問い合わせ先…
市町村社会福祉協議会

総合支援資金貸付

住宅入居費などの資金の貸付をしてくれる

【支給例】

支給対象

失業したせいで
日常生活全般が
厳しいよ…

…住居入居費…
上限40万円
…一時生活再建費…
上限60万円

…生活支援費…
（２人以上の世帯の場合）
上限月額20万円

…問い合わせ先…
市町村社会福祉協議会

訓練・生活支援給付

職業訓練期間中の受講生に生活費等の
給付・貸付をしてくれる

支給対象

ハローワークの
あっせんで
職業訓練を
受けてるよ

【支給例】

…生活支援費…
（被扶養者がいる場合）
月額12万円
（それ以外）
月額10万円

※希望者にはさらに
「訓練・生活支援資金
融資」を利用できる

…問い合わせ先…
ハローワーク

臨時特例つなぎ資金貸付

公的な給付・貸付を申請し、資金の交付を
受けるまでの当座の生活費を貸してくれる

支給対象

仕事も家も
失っちゃった。
公的給付は
申請したけど…

【支給例】

…貸付額…
上限10万円
連帯保証人不要
無利子

※公的給付・貸付等を
申請する際に
この資金の貸付も一緒に
お願いする

…問い合わせ先…
市町村社会福祉協議会

就職活動困難者支援事業

公的な給付・貸付を申請し、資金の交付を受けるまでの当座の生活費を貸してくれる

支給対象

事業者の都合で
離職して
家も失っちゃった

【支給例】

…貸付額…
月額10万円
（最長３回）

その他
・再就職の支援
・住居の提供
（光熱水費などは自己負担）
などもしてくれる

…問い合わせ先…
ハローワーク

長期失業者支援事業

民間職業紹介事業者による就職支援や生活費等の資金の貸付を受けられる

支給対象

求職活動してる
けど１年以上
失業したままだ

【支給例】

…貸付額…
「生活・就職活動費」
として月額15万円
（最長６回）

その他
・再就職の支援・サポート
（カウンセリング・講習や
求人情報の提供など）
もしてくれる

…問い合わせ先…
ハローワーク

知らないとヤバイ
困ったときのお金の話
6

★借りるのならかしこく借りたい

借金の前に知っておきたいこと

我々が普通に生きていれば、借金をすることはそんなに多くありません。せいぜい住宅ローンかマイカーローンぐらいのものでしょう。

しかし、最近ではカードローンやクレジットのキャッシングサービスなどの借金が身近なものになってきました。

では、**そもそも借金とはなんでしょうか？**

答えは簡単です。**「将来受け取るお金を、今受け取ること」**なのです。

もっとも、家が欲しいからという理由では、なかなか職場から前借りすることはできません。そこで金融機関が代わりに前借りのお金を用意してくれるのです。これが商品となっているのが住宅ローンです。

当然、銀行はタダではお金を貸してくれません。見ず知らずの人にお金を貸して返ってこなかったら損をしてしまいます。そこで、お金の使用料（金利）や、担保、保証といった条件をつけてきます。

そして返済されない危険性が高ければ高いほど、その条件は厳しくなります。住宅ローンで考えれば、**金利が高くなる**ということです。

借金をする前にこの原則を知っておくことが重要です。保証をつけてお金の前借りをすること、それが借金なのです。

住宅ローンで「借金」を考えてみる

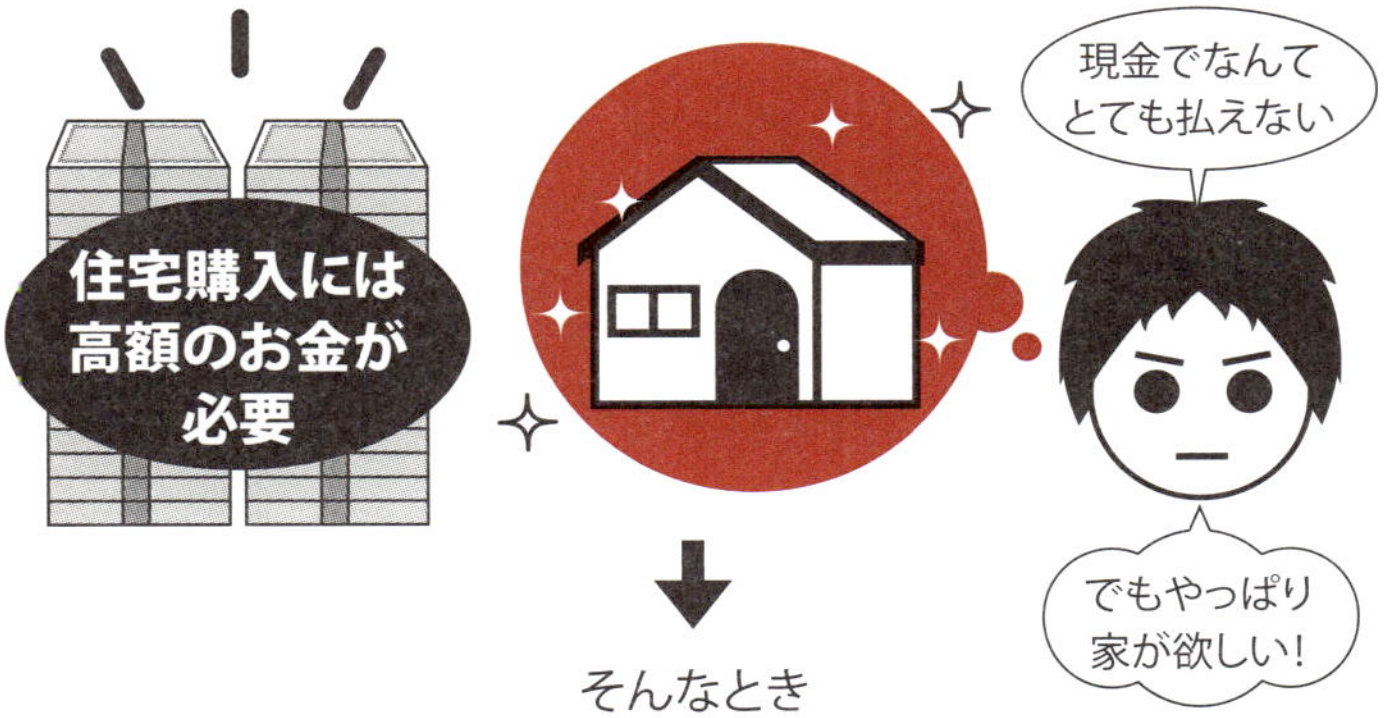

住宅購入には高額のお金が必要
現金でなんてとても払えない
でもやっぱり家が欲しい！

そんなとき

将来稼ぐことができるお金を前借りしてお金を用意する

それが

借金

そこで、金融機関に前借りのお金を用意してもらうのが

住宅ローン

見ず知らずの人にお金を貸すわけですからねえ
銀行員

ただし銀行はタダではお金を貸してくれない

金利

「お金の使用料をもらいます」というもの

担保

「返せなくなったら家や土地はもらいます」

保証

「返せなくなったら代わりに誰かに返してもらいます」

知らないとヤバイ
困ったときのお金の話
7

★金融取引には細心の注意が必要

個人の信用はとても大事

一般的に、借金をするときには担保や保証人が必要ですが、それらのないローンはどうなのでしょうか？

ここでのポイントは**期間**です。ローンの期間が長いものより、短いもののほうが金利が安くなる傾向にありますが、それは期間が長いもののほうが途中で支払いがとどこおってしまう危険が大きいからです。

しかし、実は一番大事なのは、**「個人の信用力」**です。といっても、金融機関が信用しているのは、人柄でも学歴でもありません。次のような、**過去の金融取引の履歴**なのです。

・過去に借金を繰り返してはいないか？
・現在返済中の他の借金はないか？
・過去に返済が遅れたことがないか？

つまり金利が高い商品は、信用力が低い分、高い金利でリスクをカバーしようとしているのです。

不思議なことに、この原則を忘れて、信用力がそれほど低くないのにわざわざ高い金利で借りている人が多いのです。

まったく同じものを買うのに、高い方を選ぶ人はいません。**安く買える方法を知らずに損をしている**ということです。ちょっとしたお金の知識があるだけで損をしないことはたくさんあるのです。

ローンの金利を決める要素

過去に借金を繰り返してはいないか？

現在返済中の他の借金はないか？

過去に返済が遅れたことがないか？

個人の信用力＋危険度をチェック

↓

信用力が低い
↓
高金利

危険とお金を天秤にかけて
バランスのとれるところで
ローンの期間と金利を決める

信用力が低い分は
高い金利でリスクをカバーする

信用力が高い
↓
低金利

金利はけっこう変わる

200万円のマイカーローンの比較（5年返済）

某団体のローン
金利…５％
返済総額…
226万4520円

某信販会社のローン
金利…２.５％
返済総額…
212万9640円

右の方が安いのに…

わざわざ高い金利でお金を借りていることがある

借金のしかたに要注意

知らないとヤバイ
困ったときのお金の話
8

★気軽に使えるけど失敗すると大変

カードローンに気をつけろ

金融機関が私たちの信用力を判断するときに材料にしているのが、**過去の金融取引などの履歴**です。

では、その金融取引の履歴は、どうやって調べているのでしょうか?

実は、これを専門に管理している会社があるのです。

それは一般的に「個人信用情報機関」と呼ばれているところで、金融機関はお金を貸す前に、必ずこの機関に問い合わせをしているのです。

もし、過去にクレジットの支払い遅延やカードローンの多重債務があると、いわゆる**「ブラックリスト」**に名前があるということで信用力がガタ落ちになってしまいます。

これでトラブルになるケースがあるのが、**住宅ローンを借りるとき**です。

いい土地も見つかった。建てる家の間取りも決まった。さあ家を建てようとしたときに、住宅ローンが組めない。そんなことがあるのです。

独身の頃にカードローンの支払いが遅れ気味だった。エステのローンが支払えていない。こんな若かりし頃の失敗が、住宅購入という夢をいとも簡単に奪い取ることがあるのです。

資本主義というお金の世界を生きていくためには、**自分の信用力を落とさないことが大切です。**

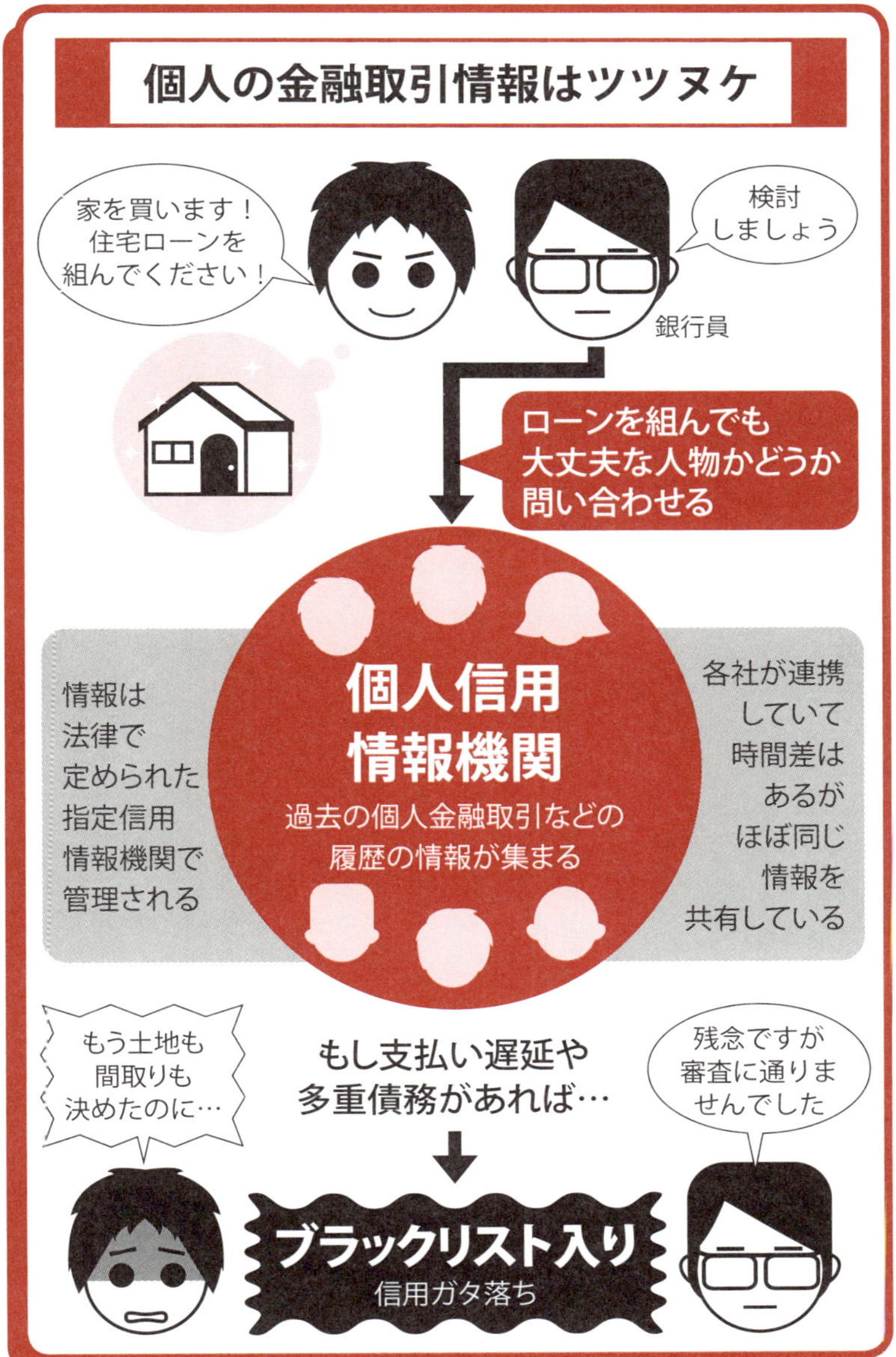
個人の金融取引情報はツツヌケ
家を買います！
住宅ローンを
組んでください！
検討
しましょう
銀行員
ローンを組んでも
大丈夫な人物かどうか
問い合わせる
情報は
法律で
定められた
指定信用
情報機関で
管理される
個人信用
情報機関
過去の個人金融取引などの
履歴の情報が集まる
各社が連携
していて
時間差は
あるが
ほぼ同じ
情報を
共有している
もう土地も
間取りも
決めたのに…
もし支払い遅延や
多重債務があれば…
残念ですが
審査に通りま
せんでした
ブラックリスト入り
信用ガタ落ち

知らないとヤバイ
困ったときのお金の話
9

★借金で人生を終わらせることはない

お金が返せなくなったら…

借りたお金を返すのは当たり前のことですが、もしかしたらそうも言っていられなくなる日が来るかもしれません。

支払いができない場合に考える必要があるのが、**債務整理**です。

債務整理には、**「任意整理」「民事再生」「自己破産」**などがあります。

「債務整理をすると**ブラックリスト**に載ってしまうのでは?」という相談をいただくことがありますが、ブラックリストというものが存在しているわけではなく、前述したように個人信用情報機関が管理している情報に載ってしまうのです。

当然、債務整理をすると、事故情報として信用情報に載ってしまいます。しかし一度事故情報が載ってしまったら永遠に消えないのかと言えばそうではありません。

機関によってある程度の差はありますが、任意整理であればおおよそ5年。自己破産でも5~10年で事故情報はなくなります。もちろん事故情報がなくなれば、住宅ローン等も組むことができるようになります。

172、173ページで任意整理、民事再生、自己破産の簡単な解説をしていますので参考にしてください。

債務を整理する
早く金返せ
早く金返せ
A社の借金
B社の借金
C社の借金
金返せ
金返せ
もういや
もうムリ
～そんなときは～
債務整理
自分だけで考えず、専門家と一緒に
一番合った方法を考えよう
借入先はどんなところ？
元金だけなら払えそう？
ただし、新しいローンや
カードは作れなくなるよ
住宅ローンはある？
毎月一定の収入がある？
不動産を手放したくない？
弁護士・司法書士が
状況に応じた方法を選ぶ
任意整理
民事再生
自己破産

任意整理

取引開始時にさかのぼり、金利を利息制限法の上限に引き下げて再計算する（将来の利息がカットできる）方法

メリット

- 未払い金利や遅延損害金等を支払う必要なし
- 裁判所に出向く必要なし
- 官報に名前が載らない
- 財産を処分する必要なし
- 職業の制限はない

利息 → 原則として金利をカット

元本 借金を減額・元本のみを３年程度の分割で返済

デメリット

- 元本は返済しないといけない
- ３年程度での支払いが必要なため、金額が多い場合は難しい
- 個人信用情報に履歴が残り、新たなローンを組むことが困難になる

「任意整理」「民事再生」「自己破産」はそれぞれメリット・デメリットが存在します。

個人の方が経験する可能性が多いのが自己破産だと思いますが、これは借金を支払えないことを裁判所に認めてもらい、法律上借金の支払いを免除してもらう方法のことです。

借金を支払う必要はなくなりますが、現在の価値で20万円を超える財産は原則的に処分されますし、官報に名前が載ったり、特定の職業につくことが一定期間制限されたりします。

債務整理はとても勇気のいることです。特に自己破産は、人生を棒に振るようなイメージが大きいかもしれません。

しかし、返すめどの立たない借金に苦しむよりも、**新しいスタート**を切り直したほうがいい場合もあります。自分だけで悩まずに、早めに専門家に相談してください。

民事再生

住宅等の財産を持ったまま、
大幅に減額された借金を原則３年で返済する方法

メリット

- 財産を処分する必要がない

※あとは任意整理の場合と大体同じ

最低弁済額

借金額によって違ってくる

100万円未満	借金総額
～500万円未満	100万円
3000万～5000万円未満	借金総額の10分の1

など

デメリット

- 借金がなくなるわけではなく、左図のように返済する必要がある
- 住宅ローンは減額の対象にはならない
- 官報に名前が載る
- 個人信用情報に履歴が残る

自己破産

借金を支払えないことを裁判所に認めてもらい、
法律上借金の支払いを免除してもらう方法

メリット

- 借金を支払う必要がなくなる
- 自己破産の開始決定後に得た収入や財産は自由に所有できる

デメリット

- 現在の価値で20万円を超える財産（現金の場合は99万円を超える額）は原則処分される
- 官報に名前が載る
- 特定の職業（警備員・弁護士など）につくことが一時的に制限される

【著者】
岡崎充輝（おかざき・みつき）

地元商工会で、中小企業の経理指導・経営指導をするかたわら独学でファイナンシャルプランナー資格を取得。税金から社会保険にいたるまで幅広い知識を駆使しながら、個人家計の顧問ＦＰを目指し活動中。年間100名以上の家計相談をこなす一方、年間30回以上のセミナーの講師・地元ＦＭ局のパーソナリティーを務めるなど精力的に活動している。

（株）ヘルプライフオカヤ代表取締役のほか、生命保険相談センター、住まいのＦＰ相談室岐阜大垣店を主催。

資格:２級ファイナンシャルプランニング技能士・日本ファイナンシャル・プランナーズ協会認定AFP・住宅ローンアドバイザー

【図解】知らないとヤバイお金の話　新装版

平成 28 年　1 月 21 日第一刷

著　者　　岡崎充輝

発行人　　山田有司

発行所　　株式会社　彩図社
東京都豊島区南大塚 3-24-4
MT ビル　〒 170-0005
TEL：03-5985-8213　FAX：03-5985-8224

印刷所　　シナノ印刷株式会社

URL：http://www.saiz.co.jp
https://twitter.com/saiz_sha

ISBN978-4-8013-0122-1 C0033

※本書は、『32 歳までに知らないとヤバイお金の話』『図解・知らないとヤバイお金の話』を再編集したものです。